原来清朝人 这样生活

崔敏 著

漓江出版社

·桂林·

◆◆ 清·郎世宁《乾隆皇帝大阅图》

◆ 晚清梳两把头，身穿满族长袍、马甲，脚穿旗鞋的满族女子

◆ 清·姚文瀚《紫光阁赐宴图》

◆◆ 清·郎世宁《孝贤纯皇后朝服像》

◆ 《雍正十二美人图》之装装对镜

◆◆ 清·郎世宁《乾隆皇帝大阅图》（局部）

序 言

中国历史上的最后一个封建王朝——清朝，是中国由古代社会转变为近代社会的关键时期。

在这个朝代中，中国作为统一的多民族世界大国的格局最终得到确定，统一的多民族国家得到进一步巩固和发展，汉满民俗文化实现了大融合，尤其在康雍乾三朝时期，社会取得了前所未有的发展，综合国力走向鼎盛。但是，中国在清朝后期遭受了西方资本主义列强的侵略，被迫国门大开，逐步沦为半殖民地半封建社会。

从早期的清军入关，到后来的列强入侵，再到后来的洋务运动和戊戌变法等自我探索和改革，都使当时的社会受到了不小的冲击，也正是因为这些冲击，使得当时中国的各种社会文化发生了颠覆式的变化。而比较大的冲击有两次。

第一次巨大的冲击是因为王朝更替。由明入清，入主中原的清朝统治者，制定了一系列有别于明朝社会生活与行为规范、礼仪、舆服、禁忌的法令，并将其强制性地推行，使得当时衣食住行、婚丧嫁娶等方面均发生了巨大的变化。比如，八旗军将满族习俗带进了紫禁城，从宫廷到民间，必须穿戴满族服饰，更换掉原明朝服饰，统穿满族服装；发式亦令更改明朝束发旧制，按照满俗剃发留辫。

清朝满族男子的服装最流行的是衫袍外套马褂或马甲，女子服饰虽然在初期还较为随意，但到了清末，汉族妇女也开始青睐满族旗袍，到了民国时期，旗袍已成风尚，甚至成了代表中国女性形象的"国服"。

第二次冲击发生于清后期，这是中国封建社会发生剧变的一个历史阶段。在这个阶段，中国社会被迫进行转型，开始从古代社会向近代社会转变，推动了中国近代工商业交通业等行业的逐步发展。尤其在长江中下游及东南沿海等地区，人们的社会生活率先发生变化，传统社会生活中的礼仪习俗，也发生了明显的转变。

上述这些因素最终使清朝社会呈现出多元性、近代性、开放性、时尚性的新特点。

本书以清朝人的日常生活为出发点，从饮食起居、穿着服饰、建筑居住、出行游玩、婚丧嫁娶、日常礼俗、文艺活动七个方面，全方位地再现了清朝人生活的细节和风貌。

在写作中，作者参考了大量历史资料，不仅以严谨态度来解读清朝人日常生活中的点点滴滴，而且还不忘添加许多有趣的文人典故等小知识，从而提高内容的趣味性、知识性、开放性和包容性，让读者在轻松愉快的氛围中品味历史带来的趣味和快乐。

崔敏

2022 年·河北

目　录

第一章 / 十一年来春梦冷，南游且吃玉川茶

第二章 / 江南十载战功高，黄袿色映花翎飘

第三章 / 秉时御气暮春初，灵沼灵台艳裔舒

第四章 / 年来肠断秣陵舟，梦绕秦淮水上楼

第五章 / 人生若只如初见，何事秋风悲画扇

第六章 / 弹壁灯贴三面题，摩肩搭背来猜谜

第七章 / 我劝天公重抖擞，不拘一格降人才

第一章

十一年来春梦冷，
南游且吃玉川茶

清朝人一般吃什么

和现代人一样，清朝人的食物也有蔬菜和肉类之分。

首先，我们来说一说清朝人主要吃的蔬菜。那时，人们可以食用的蔬菜种类已经非常多了。

通过对清代《内务府堂清册·菜蔬清册》等档案和相关文献资料的研究可以发现，我们现在吃的大多数蔬菜，在清朝都能够找到。当时，供应宫廷的日用蔬菜超过 60 种。

当然，清朝人不会只吃蔬菜，发迹于东北地区主要靠渔猎为生的满族人是很喜欢吃肉的。下面就让我们再来聊聊清朝人都喜欢吃哪些肉食。

满族人的祖先在打猎的过程中经常猎杀野猪，他们还养殖猪以弥补猎物的不足，因此，猪肉是满族人的主要肉食。

在莺歌岭文化遗址中，人们发现了3000多年前满族人的祖先制作的陶猪。《宁古塔纪略》中有宁古塔地区食猪血肠方式的记载："将猪肉、头、足、肝、肠收拾极净，大肠以血灌满，一锅煮熟。……自用小刀片食。"清朝《钦定满洲祭神祭天典礼》中还记载了满族人祭祀的规定，规定中要求满族人要用猪祭祀神灵。由此可见，满族人喜欢食用猪肉。

在清朝人的肉类食品中，猪肉占据了第一的位置，是人们主要的肉食。

位居次席的肉食是羊肉。羊肉是我国传统的肉类之一，其味道和营养都不比猪肉差，那它为什么会次于猪肉呢？主要原因是羊肉的膻味有些人不能忍受。那些喜欢吃的人，即使天天吃，也不会厌烦，但是不喜欢的人，一闻到羊肉的膻味，就会连连作呕，一口都不想吃。

在肉食中居第三位的是牛肉。清朝人对于食用牛肉的限制并不严格，因而那时吃牛肉也相当流行。

除了猪肉、牛肉、羊肉，常见的肉食还包括鹿肉。在清朝，鹿肉的数量比较多，一部分是打猎获取的，还有部分是北方地区进贡来的。因此，在京城中有不少的鹿肉供人购买。但是，鹿肉要比猪肉、牛肉、羊肉贵不少，只有富裕的家庭才买鹿肉来食用。

满族是个渔猎民族，鱼肉自然也是人们喜欢吃的肉类。

除了上面这些，在清朝，鸡鸭鹅肉也是饮食中不可或缺的。清朝人对这些禽肉也非常喜欢，不少家庭会选择自行养上几只家禽，来满足饮食中对肉类食材的需求，因此，禽肉也是餐桌上比较常见的肉食。

▶ 小知识

> 灵均滋芳草，乃不及梅树。
>
> 海棠倾国姿，杜陵不一赋。

这首诗源于纪晓岚爱吃猪肉的故事。屈原写遍万花百草，却不曾写到梅花；杜甫虽然为众多奇葩异草都写了诗歌，却从没有写过海棠。纪晓岚用此二人之事，来为自己独独喜欢吃猪肉的怪癖解嘲。

据说纪晓岚不喜欢吃米谷，只喜欢吃猪肉，甚至还把猪肉当成主食，几乎每餐都要吃。

有一次，一个朋友来找他，他正在吃饭。只见仆人捧上一个火锅，里面足有三斤猪肉。而纪晓岚风卷残云般把猪肉一扫而光，让朋友震惊不已。

纪晓岚喜欢猪肉的程度可谓无人能比，他把猪肉视为最美的食物，对其他菜品几乎不感兴趣，即使出席佳宴酒席时他也这样，从不顾及别人的看法，只挑食猪肉。也正是他有这样的饮食癖好，即便是手艺高超的大厨烹饪出的鸡鸭鱼肉，也很难吊起他的胃口。

清朝人一天吃几顿饭

俗话说："人是铁，饭是钢，一顿不吃饿得慌。"一日三餐是现代比较流行的饮食习惯，但是，古人通常每天只吃两顿饭，即早饭和晚饭。

一天两餐的习俗由来已久，这和我国古代是农耕社会有关。古人讲究日出而作、日落而息，他们早上会起得早，晚上睡得也较早，通常会在早上六七点吃早餐，而晚餐的时间则在中午十一点到下午三点之间；另有一说，早饭在早上七点到九点之间，晚饭在下午三点到五点之间。

一天两餐的习俗一直在延续，即便是到了清朝，仍然有很多人保持着一天两餐的习惯。

当时，清朝皇城内的皇亲贵族每天均吃两顿饭，主要有两个原因。

第一，受满族文化的影响。清朝的皇亲贵戚基本都是满族人，以前的满族人以捕鱼、打猎、采集为生。东北地区的冬季时间特别长，而且冬日的白天非常短。天寒地冻，人们要是白天没有什么劳作，就会晚起床，要在十点左右才吃早饭，这样一来，中午那顿饭和晚饭也就并在了一起，人们吃过第二顿饭后就早早上床休息了。

由于清朝人每两顿饭之间的间隔时间比我们现在要长，为了扛饿，食物也多是一些肉类等高热量、耐消化的食物。长此以往，满族人也就慢慢养成了一天两餐的饮食习惯。

在现如今的东北地区，一天两餐的习惯依然在延续，人们通常是在下午两点到三点之间吃第二餐。

后来，清军攻进山海关，占领了北京，满族人又将一天两餐的习俗带到了北京，并且一直延续下来。到了民国年间，末代皇帝溥仪与很多八旗子弟仍然保持着一天两餐的生活方式。

第二，满族人受佛教文化的影响很深。佛教中有一个讲究，就是过午不食，这是佛陀为出家人制定的戒律，在律部中的说法叫"不非时食"。也就是说出家人只能在规定的时间内吃东西，从正午到第二天黎明，是不允许吃东西的。

佛教教义认为，清晨是天食时，即诸天的进食时间；午时是佛食时，即三世诸佛如来的进食时间；日暮是畜生进食时间；昏夜是鬼神进食时间。因此，信奉佛教的一部分满族人就遵守过午不食的习俗，只不过他们并不是什么都不吃，只是不吃主食，对于零食的诱惑，很多人是抵挡不住的。

村饮家家酿酒钱，竹枝篱外野棠边。

谷丝久倍寻常价，父老休谈少壮年。

细雨人归芳草晚，东风牛藉落花眠。

秧苗已长桑芽短，忙甚春分寒食天。

这首诗是清朝乾嘉年间岭南著名诗人、书画家黎简的诗作《村饮》。

这首诗的前两联意思是说傍晚时分，村民三五成群地聚在竹篱外的野棠树下凑钱买酒喝，以缓解一天的劳累。喝酒喝到酣畅处，他们便互相聊起了日常的一些琐事，有人抱怨今年的谷米蚕丝的价格比去年增长了好几倍，有的老年人在讲述他们年轻时候的一些故事。然而，任何抱怨都于事无补，还是"休谈"吧！这两联诗内容真实，把平民生活中的牢骚如实地记载了下来。清朝人凌扬藻在《国朝岭海诗钞》中赞誉这两联诗为"绝妙"。

这首诗的内容十分贴近村民的现实生活，只撷取了其中的几个片段，便把洋溢着淳朴气息的乡村生活形象生动地表现了出来。

清朝的饭店有哪些特点

从 1644 年开始，北京成为清朝的首都，生活在这里的亲王、郡王、贝勒、国公、将军以及富商巨贾和文人雅士颇多，因此在这里形成了广泛的社会交际圈，而且还相应提高了百姓对餐饮的需求程度，这使得京城的餐饮业十分兴盛。

清朝人请客吃饭比前朝更加注重排场、讲究场所。就像我们现在请客吃饭一样，尊贵的客人一定要在比较高档的酒店宴请，简单的朋友相聚、家庭聚会，则可以到普通餐馆或一些私家菜馆，随便点几个菜，喝一点小酒，还可以在自己家里吃家常便饭。

清朝的饭店根据不同的档次，有着严格的分类，主要有饭庄、饭馆和饭铺之分。

饭庄是吃饭档次最高的地方。饭庄的名号都比较大气，一般叫"某某堂"，例如会贤堂、聚仙堂等。饭庄的规模很大，通常都是在一座很大的宅院里，有着几进的院子，里面甚至还有戏台等附属的建筑，饭庄里面的一切陈设家具都华贵精致，给人一种很高档的感觉。由此可见，饭庄可不是一般人能吃得起的，是专门服务于有钱人家的。

在饭庄吃饭，很少会有人去单点菜品，一般吃的都是"席面"。所谓席面，有点类似我们现在的包桌宴请。每一桌席面的菜品都是成套的，很丰富。当时最为流行的是"四四到底"的四四席。所谓四四席就是按照菜肴多少进行分类的一种宴席，可以供8人同时进行聚餐，菜品包括四平盘、四大件、四行件和四饭菜一共16道菜。在重要的宴席中，饮酒之前还要上四干果、四点心、四鲜果及饮料等。可以说，四四席从凉菜到热菜，再到大菜、点心、主食，做到了样样俱全。

根据饭庄席面组成的不同，席面大致可以分成上等、中等和下等三个级别，不同级别席面的差距十分明显。在招待尊贵客人的上等官席中，一个方桌通常最多只坐6个人，甚至有时候只坐一两个人，虽然人数不多，但是菜品的数量却不少，可能有几十个。下等席面和上等席面相比就差远了，下等席面通常一个圆桌可以坐10个人以上，菜品也只有十几个。

饭庄主要承接大型的宴请，例如几十桌以上的那种大场面宴请，很少承接小场面的宴请。

饭庄的菜不便宜，在里面请客的费用是普通人家很难负担得起的。

另外，饭庄里面的菜品很少有普通的炒菜，更多的是焖、溜、熬、炖一类的菜品或者是一些位菜，这是由其高档场面所决定的。

在饭庄吃饭，吃的是排场，享受的是那种奢华的气氛和周到的服务，至于口味可能还真不如一般饭馆的菜品好。

在清朝，吃饭档次排名第二的场所应该是饭馆，饭馆的名号以"某某楼"居多，例如庆云楼、万兴楼等。和饭庄相比，饭馆的格局就小多了，经常是在一两进的院子里，或是具有两层的铺面，比较像我们现代一般饭店的样子。

饭馆的场面要比饭庄小一些，一般四五桌，更小一点的甚至只有一两桌。饭馆一般都设有雅座来供客人使用，还会有少量的散座给散客使用。与饭庄相比，其菜品则以炒菜居多。饭馆的菜能够体现出厨子的手艺，有一些特色味道。

由此看来，清朝饭庄和饭馆的区别还是很大的，虽然都有自己的招牌菜、拿手菜，不过相比之下，饭庄更加倾向于场面，而饭馆则更加倾向于口味。到这里，大家基本明白和几个好朋友小聚一下应该去哪里吃饭了吧，可以去饭馆点几个特色菜。

至于饭庄，还是别去了，一来人家基本不接待散客，二来有很多饭庄的经营模式是所谓的"冷饭庄"，也就是平时根本就不起火，只在有预约的情况下才开火营业。

清朝第三档的饮食场所是饭铺，顾名思义，饭铺的格局就更小了，毕竟是个铺子。如果我们生活在清朝前期或中期，走在路上饿了想要找个地方随便点两个菜解决一下，那就可以进入街边的饭铺。

饭铺既有炒菜也有主食，一般的散客在饭铺吃饭是最合适了。那时候，这种饭铺还和茶馆结合在一起，很多茶馆都具有饭铺的功能。到了晚清时，这种经营炒菜的菜馆才从茶馆中彻底分离出来，叫作饭铺，也有人将这种饭铺称为"二荤铺"。

如果有些人吃饭一点也不讲究，只想吃饱，不讲究口味，还不想多花钱，还可以去最小的吃饭场所——饭摊。饭摊，也就是我们常说的路边摊，这种地方卖的都是小吃，是专门卖给一般民众的。饭摊以卖主食为主，如包子、馅饼、烙饼、面条等，经营范围简单，甚至连炒菜都没有。

▶ **小知识**

> 一粥一饭，当思来处不易；
>
> 半丝半缕，恒念物力维艰。

这句话出自明末清初朱柏庐的《治家格言》，意思是对于一碗粥或一碗饭，我们都应该想到它们来之不易；对于衣服的半根丝半条线，我们都应该想到它们被生产出来是多么艰难。

这句话大家是不是经常能在一些饭店或是餐厅、食堂的墙壁上看到呢？没错，这句话就是在劝人们应该珍惜粮食，珍惜现在来之不易的一切。

满族人为何不吃狗肉

很多人都听过"满族人不吃狗肉"的说法，但是，和满族人同处于东北地区的朝鲜族人却偏爱食狗肉。民间有一种说法，狗肉非常美味，所谓"狗肉滚三滚，神仙站不稳"。那么是什么原因导致满族人不吃狗肉的呢？

关于满族人为什么忌食狗肉，一直以来都是一个争论不休的话题，至今也没有一个统一的说法。笔者在查阅了一些资料及整理了民间传说后，将满族人忌食狗肉的原因大概归纳为以下几种。

1. 风俗说

生活在东北地区的满族人最初并不善于耕种，主要是靠渔猎生活。那么狗对于他们来说，就是能够帮助他们围追猎物的好伙伴。不只如此，在茫茫的雪原上，狗还可以拉爬犁。爬犁是满族人极为重要的交通工具。况且满族人靠打猎为生，本身就不缺肉食，他们还会将打来的猎物喂给狗吃，你们想一想，满族人还能吃狗肉吗？

2. 民间传说

据说，满族人之所以忌食狗肉，和一个叫作"义犬救罕王"的传说有关。

明朝万历年间，一个占卜术士向皇帝进言，东北将要出现一条脚踏七星的混龙。朝廷为了避免其祸害百姓，就密令辽东总兵李成梁负责将其缉拿归案。于是，李成梁派遣手下四处寻找。

有一天，李成梁在营帐里洗脚时很得意地对手下说："我能够升官发财，全凭脚下的三颗黑痦子让我走了红运。"站在一旁当差的努尔哈赤（小名小罕子）听到后，一脸认真地说："大人脚下有三颗黑痦子，我的脚下却长着七颗红痦子。"

李成梁听了之后大惊，连忙查看努尔哈赤的脚底板，果真不假。他心想："这不正是朝廷要缉拿的那条混龙吗？"于是他叫人将努尔哈赤拿下，关入囚车，准备押送到京城请赏。

后来，李成梁的小妾得知此事，不忍心看到努尔哈赤受害，就偷偷将他放了。而努尔哈赤在逃跑的过程中，为了躲避追兵，钻入了芦苇丛。追兵为了逼迫他出来，于是放火烧了芦苇丛。危急时刻，跟随努尔哈赤多年的大黄狗跳进水里，将自己的身体浸湿后，又返回努尔哈赤的身边，并在他身旁打滚，直到将火扑灭。最后，努尔哈赤脱离了被烧死的危险，黄狗却累死了。

大火烧完，追兵要上前继续搜查时，一群乌鸦铺天盖地落在了努尔哈赤的身上，追兵以为他已经被烧死了，乌鸦在啄食他的尸体，就没有继续搜寻。于是努尔哈赤得救了。

这个传说在满族人中一直广为流传，后来就演绎成禁食狗肉习俗的出处。

3. 图腾说

还有一种说法是，因为狗是满族的图腾，图腾是一个民族的象征，人们对自己民族的图腾都是非常敬畏的，所以满族人不吃狗肉。但这一说法受到了一些专家的反驳，他们认为，如果按照这一解释，不吃狗肉应该从满族祖先就开始了。然而，满族人的祖先是吃狗肉的，不吃狗肉是从清太宗皇太极才开始的。

4. 禁令说

还有人说满族人不吃狗肉和皇太极颁布的一条禁令有关。当时，满族的八旗军刚刚攻占了沈阳城，旗人进入城里，开始城市生活。满族人养的狗不但造成城市夜晚的不安静，而且还容易给当地人带来恐慌。于是皇太极就下令不许在城里养狗，而且要求特别严格。刚开始，这条禁令并没有得到刚进城的满族人的理解，他们以为不让养狗，肯定也不让吃狗肉吧，于是就慢慢形成了不吃狗肉的习俗。

满族人不吃狗肉的原因也可能不止这几种说法，不管怎样，不吃狗肉的习俗在满族人的生活中一直延续着。

> 饭饱逍遥信所之，芡塘蔬圃遍游嬉。
>
> 梧楸凋落风高后，瓜瓠轮困雨足时。
>
> 犬喜人归迎野路，鹊营巢稳占低枝。
>
> 晚来懒复呼童子，自掩柴门上废廖。

　　这首诗是宋朝陆游的《舍北行饭》。其中的"犬喜人归迎野路"生动地描绘了狗和人类和谐共处的生活景象。狗是人类的朋友，它乖巧听话，因为看到主人回来了，它还高兴得特意跑到野外去迎接。像狗这么可爱的动物，满族人又怎么舍得吃它呢？

令人艳羡不已的宫廷宴

在古代，规格最高的饮食宴席是皇家的宫廷宴，它代表了中国饮食宴席的最高层次。通过总结和汲取中国饮食文化的光辉成就，清朝宫廷宴的规模不断发展扩大，烹调水平不断提高，使中国古代皇室宫廷饮食发展到了一个新的高度。

清朝宫廷宴的种类虽然繁多，但是都各有名目，并非可以随意举行。

清朝的统治阶层主要是满族人。在入关前，满族盛行牛头宴、渔猎宴，这些宴会具有浓厚的民族色彩，表现出强烈的渔猎生活特色。

入关后，满族统治者们开始学习汉族文化，在饮食上也开始使用汉制，沿用了一部分明朝宫廷宴例，同时，还将具有满族特色的筵宴形式融于其中，使宫廷宴得到进一步发展。

顺治元年（1644）在皇极殿举行的定鼎宴，是清军入关后举行的第一次大宴。后来，在顺治年间又举行了冬至宴、大婚宴等。

为了宣扬恩荣和皇帝的威仪，也设置了很多种宴席，例如：皇帝于礼部赐宴殿试读卷官以下各考官及新科进士的恩荣宴；迎接大军凯旋的凯旋宴；为了表彰和鼓励儒臣翰林等官员，每当钦命编修实录、圣训的时候，在礼部赏宴总裁以下各官举行的修书宴；专门用来招待文臣学士，每年春天三月在文华殿举行的经筵宴等。

康熙年间，朝廷对宫廷宴有所改革，例如，在元日宴中，将烤肉改为炒菜，对饮食所使用的器皿、宾客座次排列的规则也都做了修改。这些都反映了清宫宴逐渐汉化的过程。

后来宫廷宴种类日渐增多，皇帝登基、皇帝大婚、皇帝万寿、皇后千秋、皇子大婚、公主下嫁等都要设宴。每年的元日、上元、端午、中秋、重阳、冬至、除夕等节日，朝廷会在乾清宫等处设宴，宴请九卿六部、满汉大臣、诸藩使节等。

在清朝历史上，具有影响力的宴席有满汉全席、元日宴、满族大宴、千叟宴和满族筵席等。

满汉全席是我国历史上著名的宴席之一，也是清王朝规格最高的国宴。满汉全席主要由满点和汉菜组成。满点又称作"满洲饽饽席"，以点心为主，菜肴的品种并不丰富，烹调方法也较简单。

后来，人们在满席的基础上加入一些汉族菜肴，使其在原料、品种、制作方法、口味、色彩搭配上变得更加丰富多彩，也因此称为满汉全席。

满汉全席是在清政权建立以后才逐渐形成的，最初创于康熙年间。相传康熙皇帝在皇宫内第一次品尝之后，就御书"满汉全席"，满汉全席由此声名大噪。

当时，满汉全席有宫内和宫外的区别。皇宫内的满汉全席主要供皇室人员享用，即使宴请其他人，也应是功臣（汉族臣子只限二品以上官员和皇帝心腹）才有资格参加。而宫外满汉全席，常常是在满族一、二品官员主持科考和重要地方会议时才举行，用满汉全席来招待钦差大臣，是一种重要的公务宴请，因此，在入席时每人要按官员品次佩戴朝珠，穿着公服入席。

满汉全席所规定的菜肴总数一般为108道，其中包括南菜54道，北菜54道，点心并不算在其中，可以灵活添加。在满汉全席中，仅满洲饽饽大小花色品种就有44种，一席要使用面粉44斤8两，由此可见满汉全席的规模。

元日宴又称元旦宴、元会宴，是清朝例行宴会之一。

《清史稿·志》中记载："元日宴，崇德初，定制，设宴崇政殿，王、贝勒、贝子、公等各进筵食牲酒，外籍王、贝勒亦如之。顺治十年，令亲王、世子、郡王暨外籍王、贝勒各进牲酒，不足，光禄寺益之，御筵则尚膳监供备。康熙十三年罢，越数岁复故。二十三年改燔炙为肴羹，去银器，王以下进肴羹筵席有差。"

在雍正四年（1726），朝廷对元日宴的仪式、陈设、席次，甚至宴会所奏音乐、表演的舞蹈都做了详尽的规定。

满族大宴是清军入关前的一种宴会，规模较大，多用来招待一般身份的外部族的头人、朝鲜的使臣、明朝的降官降将、回阙省亲的公主与额驸等。

满族大宴带有一定的喜庆性质，皇帝还经常亲自出席，一般摆设几桌到几十桌，多食用牛羊肉等食材，其他肉类次之。

满族大宴具有典型的民族特色，烹煮的肉食都块大、肉质鲜嫩，人们用解食刀割着来食用。宴会中也有酒，但出于礼仪要求，客人吃饭、饮酒均不能尽兴，只是一种礼仪应酬。皇帝离开后，大宴也就宣告结束。

千叟宴为清代宫廷盛大的宴礼之一，是当时场面最大、规模最盛、耗费的财力也最多的宴会，只在康乾盛世时期举办过四次。

千叟宴意为千名老叟参加的宴礼，但实际参加的并非只限1000人。如在康熙五十二年（1713）农历三月，为庆祝康熙皇帝六旬万寿，曾两次宴请65岁以上的老者共2800余人。

嘉庆元年（1796），退位为太上皇的乾隆举行千叟宴，入宴的群臣耆老和并未入座的宾客达5000多人。所有能够参加千叟宴的人员，都由皇帝钦定，然后由有关衙门通过官方文件分别通知。

千叟宴需要大量的物资准备。开宴之前，由外膳房指挥，按照参加宴席的老人品位的高低设计千叟宴席的座次。除宝座（皇帝的座位）

前的御桌外，一般按东西两路摆设宴桌，还要依据等级制度分一等桌和次等桌两级进行摆设，不同等次桌子上的餐具和食物也有明显的区别。在宴会期间，还要奏宫廷乐曲，举行各种仪式。

满族筵席是清军入关前满族的一般宴会，规模比较小，参加的人数也不是很多，宴会的礼仪也相对随意，没有严格的要求。这种筵席还保留着渔猎民族的原始特色，只在炕上设炕桌，不在地上设桌椅。有时甚至在露天举行，人们在地上铺张兽皮，席地而坐开始用餐。

满族筵席的菜肴主要是火锅，多用陶制的器皿，以猪肉、羊肉为主料，也不分季节，冬夏都可以摆设，作料主要是盐、酱等，此外还有炖菜，酒以烧酒为主。主食主要有稗子米饭、秫米饭，也有蒸荞面、玉米面饽饽等。由此可见，满族筵席真是一种比较简单的宴会了。

清朝宴席极其讲究礼仪，森严的礼仪制度对进餐过程要求十分严格。比如，客人就位进茶、音乐起奏、展揭宴幕、举爵进酒、进馔赏赐等环节，都要遵循固定的程式。

宫廷宴中所用宴桌的式样，桌面上的摆设、点心、果盒、群膳、冷膳、热膳的数量，所用餐具的形状，也有严格的规制。

满族人历来礼多，这种特点在宫廷宴席中有充分的体现。例如，赴宴的人要向皇帝跪叩谢恩，这是清宫宴席中礼节最繁杂，也是最重要的一个环节。等到皇帝入座后，漫无休止的跪叩就开始了，比如皇帝赐酒、司仪授酒、将酒饮毕，众人要跪叩，大臣至御前祝酒，要三跪九叩，再次斟酒、饮毕、乐舞开始等时候也要跪叩。

宴会结束后，众人还要再跪叩谢恩。参加宴会真是不容易啊！

▶ **小知识**

> 百里山川积素妍，古稀白发会琼筵。
>
> 还须尚齿勿尊爵，且向长眉拜瑞年。
>
> 莫讶君臣同健壮，愿偕亿兆共昌延。
>
> 万几惟我无休暇，七十衰龄未歇肩。

这首诗是清朝康熙皇帝玄烨于康熙六十一年（1722）正月的千叟宴上所作的《千叟宴》诗。

在这场声势浩大的千叟宴上，康熙皇帝兴致高昂地赋诗一首后，便命令在场的满汉大臣作诗来和，同年还下令编纂了一部《御定千叟宴诗》。

◆《万树园赐宴图》

想长寿，就尝尝宫廷长寿膳食

我国古代的养生学发展到了清朝，可以说已经达到巅峰状态。其中一个典型的例子，乾隆皇帝活到了89岁高龄，是中国历史上少见的长寿皇帝，其长寿的原因离不开清朝的养生学，离不开清朝宫廷的长寿膳食。

清朝宫廷御膳在养生方面的表现尤为突出。比如，在皇帝的御膳中，不仅有厚味膏粱，还有杂粮时蔬、山果野味，形式多样。除此之外，宫廷的御膳还非常讲究一年四季与五味、五脏相适宜的饮食规则。

清朝宫廷还将福寿延于御膳中，不仅仅是简单地吃饱，还要追求美味，追求健康饮食、文明饮食，严格遵循着古人所说的"安身之本，必资于食，不知食宜者，不足以存生"。

此外，清朝的养生学还发展到了理论与实践紧密结合、相互促进的阶段，这种饮食文化在宫廷御膳中表现得尤为突出。

在饮食实践中，清朝皇帝对膳食的认识也不断提高，其保健知识也越发丰富，每一位皇帝都从自身开始做起，注意合理调节饮食，搭配膳食。当时，养生饮食已经成为皇帝追求永葆健康、延年益寿的重要方式。

康熙皇帝在《庭训格言》中说过："人自有生以来，肠胃自各有分别处也。"这本书还记载了诸如"凡人饮食之类，当各择其宜于身者""每兼菜蔬食之则少病，于身有益。所以农夫身体强壮，至老犹健者，皆此故也"等养生观点。

对于如何选择应季的食品，康熙皇帝还强调："诸样可食果品，于正当成熟之时食之，气味甘美，亦且宜人。如我为大君，下人各欲进其微诚，故争进所得，初出鲜果及菜蔬等类，朕只略尝而已，未尝食一次也。必待其成熟之时，始食之，此亦养身之要也。"他告诫人们，在选择饮食时，应当选择对自己身体有营养价值、有补益作用的食品，对于喜好的食物也不可多食。

在之后的养生保健膳食中，乾隆等皇帝一直身体力行地实践着祖辈的训诫。

清朝皇帝的御膳非常讲究面面俱到，膳食平衡。比如，粮食和蔬菜在营养上的互补就充分体现了清宫御膳的养生特点，乾隆皇帝不仅喜欢二月二的杂面煎饼、端阳节的粽子、中秋节的月饼、重阳节的花糕、腊月初八的腊八粥等上好的养生食品，对于黄瓜蘸面酱、炒鲜豌豆、蒜茄子、摊瓠塌、春不老、芥菜缨、酸黄瓜、酸韭菜等这些难登大雅之堂的民间菜肴，也是非常喜欢。

宫廷御膳中还非常讲究原料的选择，讲究粗细搭配。无论是日常饮膳，还是宫廷宴请，御膳中的主食、副食、佐餐小菜等均有许多由粗原料制作而成的食品。御膳主食中的近百种点心、粥汤，很多就是以各种杂粮为原料制作出来的。

在御膳制作过程中，将食材烹调适宜，做到色香味俱全，既能增进食欲，又易于消化吸收，使其"物尽其用"。

御膳还讲究五味调和，顺应四季的变化。自然界向人类提供了各种各样的饮食资源，每种食物都给人们提供了所需的营养物质，在不同季节食用不同食物，其效果也都不尽相同。

我们通过对乾隆五十四年（1789）春夏秋冬四季御膳中的主要膳食的研究，就可以清楚认识清朝皇帝应对四时进行养生的情况。

据乾隆年间由潘荣陛编撰而成的风土杂记《帝京岁时纪胜》记载，春季由于刚过冬，各类物产相对匮乏，生产以二、三月为主，主要有赤根菜、龙须菜、香椿芽、嫩柳叶等。

夏季各类菜果主食纷纷上市。夏季北京地区主要生产并食用小麦、玉米。蔬菜包括榆钱、莴笋、青蒿、蒜苗、莲藕、鲜菱等。豆类有蚕豆、豇豆角、豌豆角、蚕豆角、扁豆角。瓜类有王瓜、腌梢瓜、架冬瓜、绿丝瓜、白葵瓜。水果有樱桃、西瓜、甜瓜（包括金皮香瓜、高丽香瓜、脂麻粒、琵琶轴）、云南瓜、白黄瓜、白樱桃、白桑椹、桃（麦熟桃、鹰嘴桃、银桃、五节香、秋秸叶、银桃奴、缸儿桃、柿饼桃）、杏（香白、八达杏、四道河、海棠红）、李（御黄李、麝香红、梅杏）。

秋季收获各类食材，种类也十分丰富。水果如枣（璎珞枣、马牙枣、山枣、酸枣、赛梨枣、无核枣、合儿枣、甜瓜枣、羊枣）、石榴（红子石榴、白子石榴）、梨（秋梨、雪梨、波梨、蜜梨、棠梨、罐梨、红绡梨、西苑之截梨、北山之酸梨）、葡萄（玛瑙、马乳、公领孙、朱砂红、棣棠黄、乌玉珠）、山楂（"京产者小而甜，外来者大而酸"）等。如苹婆、槟子、葡萄等类，会被存入冰窖，以供冬季食用。另外还有北京产的松子、榛子、韭花等，也在秋季上市。

入冬以后，地产食材仅有黄韭。在冬季一般还会进行酿酒活动，主要酿制"煮东煮雪，醅出江元，竹叶飞清，梨花湛白，窝儿米酿，瓮底春浓。药酒则史国公、状元红、黄连液、莲花白、茵陈绿、橘豆青"。

《帝京岁时纪胜》对清朝人遵守时令而食还有这样的记载。春季时，正月吃椒盘、柏酒、春饼、元宵、青韭满馅包、油煎肉三角、开河鱼、看灯鸡、海青螺、雏野鹜、春橘金豆、斗酒双柑；二月食用火焰赤根菜，同金钩虾米以面包合，烙而食之；三月食香椿芽拌面筋、嫩柳叶拌豆腐、黄花鱼、小葱炒面条鱼、芦笋脍鲥花；元旦用什锦火锅、鹅油方补、猪肉馒首、江米糕、黄黍饦；酒肴则腌鸡腊肉、糟鹜风鱼、野鸡爪、鹿兔脯；果品则松榛莲庆、桃杏瓜仁、栗枣枝圆、楂糕耿饼、青枝葡萄、白子岗榴、狮柑凤橘、橙片杨梅。元旦除零食以外，还要搭配山珍海错。立春，富家多食春饼，妇女等多买萝卜而食之，春饼多搭配鸡、豚、生菜、青韭芽、羊角葱、生食水红萝卜，称为咬春。二月初一中和节，京师地区好食用江米制作的太阳鸡糕。

夏季时，四月食匏丝煎饼、榆钱蒸糕。五月麦青长成，食麦仁煮肉粥。腌梢瓜、架冬瓜、绿丝瓜、白荬瓜做羹汤；六月有鲜菱、芡实、茨菇、桃仁，鲜美无比。立夏"取平日曝晾之米粉春芽，并用鸡面煎作各式果叠"，同时还制作清明节柳条点，给小儿食用。端阳食米粽，搭配果品如红樱桃、黑桑椹、文官果、八达杏。夏至食过水面（冷淘面），"乃都门之美品"。

秋季时，七月稻米、黍米成熟，秋蟹肥美，苹婆果成熟；八月食卤馅芽韭稍麦、南炉鸭、烧小猪、挂炉肉，还要配食糟发面团和桂花东酒；九月食新黄米红枣糕、荞麦面和秦椒压饸饹、清煮板鸭、香糟嫩蟹、荸荠。立秋陈冰瓜、蒸茄脯以防酷暑余留的疟痢之疾。

中秋，除食用月饼外，还有各色果品，如香果苹婆、花红脆枣、中山御李、豫省岗榴、紫葡萄、绿毛豆、黄梨丹柿、白藕青莲，种类丰富。白露节食糖沙拌炒的苏州生栗，同样为都门美品。重阳，京师人民尚食用花糕，"有油糖果炉作者，有发面酢果蒸成者，有江米黄米捣成者"，有枣糕、脆枣、山楂糕沿街售卖。霜降时，制作腌菜，有瓜茄、芹芥、萝卜、苤蓝、箭干白、春不老、白菘菜（黄芽菜）。白菘菜中，又以安肃黄芽菜为最优。

冬季时，十月食汤羊、猪蹄冻、芝麻糖、冬笋、黄齑；十一月贡物入京，北方有獾、狸、狍、鹿、野猪、黄羊，多已风干冰冻保存；南方有橙、柑、橘、柚、香橼佛手、蜜饯糖栖。冬至，京师人民有"冬至馄饨夏至面"的习俗，"祀祖羹饭之外，以细肉馅包角儿奉献"；十二月临近新年，京师地区饮食则更加丰富和热闹。初八时，家家熬煮腊八粥，合家聚餐，并送亲邻食用。二十三日祭灶制作羹汤灶饭、糖瓜糖饼。岁暮"阖家吃荤素细馅水饺儿，内包金银小锞。食着者，主来年顺利"。

上面这些饮食体现了清朝人饮食顺应四季变化的特点。养生食品的种类调配合理，既讲究酸、甜、苦、辣、咸五味调和，又顺应自然界四时的制约。

清朝皇帝御膳的摆设也有学问，要遵循固定的传统模式。皇帝的膳桌要摆 48 种膳品，即热锅、攒盘（拼盘）、热炒、小菜、饽饽、羹汤（粥）等，既有表现不忘祖宗创业艰难的满族传统菜式，也有皇帝喜食的应季食品。如乾隆四十四年（1779），乾隆皇帝在避暑山庄的一顿晚膳，菜品就相当丰富："燕窝莲子扒鸭一品（系双林做），鸭子火熏萝卜炖白菜一品（系陈保住做），扁豆大炒肉一品，羊西尔占一品，后送鲜蘑菇炒鸡一品。上传拌豆腐一品，拌茄泥一品，蒸肥鸡烧狍肉攒盘一品，象眼小馒首一品，枣糕老米面糕一品，甑尔糕一品，螺蛳包子一品，纯克里额森一品，银葵花盒小菜一品，银碟小菜四品，随送豇豆水膳一品，次送燕窝锅烧鸭丝一品，羊肉丝一品，小羊乌叉一盘，共三盘一桌。呈进。"

夏季，也正是蔬菜收获的时节，御膳房也常常用新摘下的白菜、扁豆、萝卜、茄子、鲜蘑等应季的鲜嫩蔬菜烹制御膳，既遵循夏季的养生之道，又不妨碍大饱口福。因为白菜、萝卜等蔬菜都具有清热解毒、清暑健胃等功效，正适宜夏季食用。乾隆在进膳中途还经常加菜，比如他加点的拌豆腐和拌茄泥两道菜，就清爽可口，具有消暑解腻的功效。

餐后上果盘，是我们现在的习惯，其实清朝的皇帝用膳之后也要食用应季瓜果，如在初夏季节吃桑椹、白杏、枇杷；仲夏时分吃西瓜、樱桃、荔枝、水蜜桃；初秋季节吃葡萄、山柰子；冬季吃橘子、苹果等。

炎热的夏天，清朝皇帝也喜欢食用冰镇水果。乾隆御制诗《冰果》写到："蝉噪宫槐日未斜，液池风静白荷花。满堆冰果难消暑，勤进金盘哈密瓜。"这就是对当时祛暑冷食的真实描绘。在《冰果》一诗的注解中，也有"以杂果置盘中，浸以冰块（为冰果），都中夏日宴饮必备"的说法。

御膳中还讲究素食，以助养生。在宫廷御膳档案中，有许多关于宫内食用素膳的记载。例如，在正月初一吃素馅饺子，在清明节、四月初八浴佛日、腊月初八佛祖释迦牟尼成道日等日子都要吃素。在先帝的忌日，宫内各处膳房也要"止荤添素"。

乾隆三十六年（1771）农历八月二十三日，是乾隆皇帝的父亲雍正皇帝的忌日，御膳房早晚两膳都给乾隆帝准备素膳，有奶子饭一品、素杂烩一品、口蘑炖白菜一品、烩软筋一品、口蘑烩罗汉面筋一品、油堞果一品、糜面糕一品、竹节卷小馒首一品、蜂糕一品、孙泥额芬一品、小菜五品。随送攒丝素面一品、果子粥一品、豆瓣汤一品。额食三桌：饽饽六品、炉食四品，共十品一桌。

中国古代社会的帝王拥有一切，也拥有最高的物质享受，能够获得当时最优越、最先进的饮食条件。皇帝对养生的重视，也促进了中国饮食养生事业的发展。

▶ 小知识

《随园食单》是清朝著名文学家袁枚所著。袁枚是一位美食家，他有着丰富的烹饪经验。他的《随园食单》一书是清朝著名的美食著作，其中系统论述了当时的烹饪技术及南北典型菜点。

《随园食单》出版于乾隆五十七年（1792），全书分为14个部分，分别为：须知单、戒单、海鲜单、江鲜单、特牲单、杂牲单、羽族单、水族有鳞单、水族无鳞单、杂素菜单、小菜单、点心单、饭粥单和菜酒单。在须知单中详细介绍了20个操作要求和技巧，在戒单中则强调了14个注意事项。该书还记录了我国从14世纪至18世纪流行的326种南北美食，并介绍了当时的美酒和名茶。

中国菜肴虽然经历了几千年的演变，但是并没有产生根本性的变化。袁枚当时推崇的一些美食，至今仍然广为人们喜爱。

不得不说的清朝火锅

　　在清朝乾隆年间，火锅盛行，上自皇帝，下至百姓，都喜爱吃火锅，火锅也成了著名的宫廷菜。例如，清宫御膳食谱上就有一道"野意火锅"。乾隆四十八年（1783）正月初十，乾隆还在乾清宫办了530桌火锅席来宴请宗室人员。

　　火锅作为中国独创的一种美食，历史悠久。20世纪50年代出土的东汉文物"镶斗"，即为当时的火锅。到了宋朝，火锅逐渐流行起来。但是，要说火锅最流行的时期，还是清朝。清朝的宫廷火锅不仅继承了中原地区火锅的传统，还沿袭了早期满族人饮食的习惯。

　　满族人早年生活的东北地区，那里地理纬度较高，冬天气温低，人们喜欢吃热食来御寒，因此，吃火锅的习惯也被延续下来。

后来，清朝宫廷在每年的农历十月十五日，在每顿饭中都会增添火锅，例如什锦锅、羊肉锅等，满族人还喜欢将酸菜、血肠、白肉、白片鸡、切肚混在火锅中一起食用。

在每年冬季，满族人几乎每天都会吃火锅，一直到正月十六，才逐渐撤去火锅换上砂锅。

乾隆皇帝曾在宁寿宫皇极殿举办千叟宴，当时正处于正月，天寒地冻，于是这次宴会就改吃火锅。相传，这次千叟宴用了1500多个火锅，可以说是一次名副其实的火锅盛会。

慈禧太后也非常爱吃火锅，几乎一年四季不断，而"菊花火锅"更是她的偏爱。为了满足慈禧吃火锅的爱好，造办处还为慈禧制作了各种各样精美的火锅，例如陶瓷锅、纯银锅、银镀金锅、铜锅、锡锅、铁制锅，多达几十种。

清宫的火锅基本形式主要有两种：一种为组合式，由锅、炉支架、炉圈、炉盘、酒精碗五部分组成，可以同时上桌烧煮食物，也可单独用锅温食品；另一种为锅中带炉，炉内烧炭火，能把水烧开，生鱼、生肉、蔬菜等放入沸水中可以煮熟。

这些火锅均为银质，由锅、盖、烟囱、闭火盖组成。火锅的闭火盖上雕有镂空"卐"字纹，锅体满布金银圆"寿"字、长"寿"字、蝙蝠纹等，寓意福寿万年。

除了在宫廷内流行吃火锅，民间也时兴吃火锅，不过百姓的火锅器皿可用不起银质的，主要还是用铜火锅，火锅的食材也简单多了。

围炉聚炊欢呼处，百味消融小釜中。

这一副对联是清朝进士严辰吟所写，描写的正是吃火锅时的情景。诗人将吃火锅的景象描写得形象生动，贴近日常生活。

生活中，只有关系亲密的人才会这么轻松自在地在一起吃火锅，也就是"围炉聚炊"，众人边吃边毫无顾忌地嬉笑游戏，尽兴畅聊。

火锅最大的优点就是，各种食材无论在口味上有多么不同，最终都能达到"百味消融"的结果，从而人人都能适应，实现"各取腹所需，各吃口所长"。人们相聚在火锅四周，将对以往的感怀，对明日的憧憬，友情、爱情、亲情都融入这鲜香四溢的"小釜"中。

◆◆ 清光绪年间的银寿字火锅

街头形形色色的小吃

在清朝，人们不仅仅讲究正餐精美，正餐以外的零食更是玲珑多样，令人艳羡。人们对于美食的追求，使得各地的街头巷尾出现了多种多样的小吃。

例如，在京师胡同里的小吃品种就很多，最普遍的有硬面饽饽、棋子馒头、帘子棍、芸豆卷、烫面饺、黄粉饺、糖酥火烧、切糕、扒糕、炸糕、炸回头、艾窝窝、驴打滚、灌肠、豌豆黄等。

如果我们回到清朝，走在路上饿了，只要进入一条胡同中，随时都可能找到一些特色小吃。

若想吃带汤汁的小吃，有馄饨、茶汤、杂碎汤、卤煮火烧、素丸子汤、炒肝、煮小肠、老豆腐、炸豆腐、豆汁、面茶、大麦粥、杏仁茶、元宵、干碗烙、醪糟、杂烩菜、羊霜肠、爆肚等。

如果你们想吃点肉食，那个时候的廖排骨、白水羊头、爆羊头、烧羊肉、涮羊肉、干牛头肉、烂驴肉、熏鱼都是不错的选择。

你们要是想吃点甜食，可以买点山楂糕、蜜饯、糖瓜、糖葫芦、吹糖人、爆米花、铁蚕豆、糖炒栗子、半空儿、酸枣面、糖花等甜食来尝一尝。

后来随着美食业的发展，清朝宫廷美食也逐渐走进了寻常百姓家。例如，同治三年（1864），全聚德在北京前门大街开了第一家烤鸭铺子。平时只有宫廷的达官贵人才能吃到的美味烤鸭，老百姓只要花点钱也可以吃到了。

那时候，馋嘴的小孩最渴望听到"叮叮——噹，叮叮——噹……"的敲击声。小孩只要循着声音，就能找到一种特别的零食——丁丁糖。

丁丁糖是清朝道光年间流行的一种糖，据说，最早制售这种糖的是一个叫李世鸿的成都人。由于他经营有道，后来家业兴旺，他的三个儿子和妻子也开始和他一起摆摊卖这种糖，"李记叮叮糖"红了半个成都。

丁丁糖越传越广，其制糖工艺也慢慢传到了其他城市，社会上出现了很多走街串巷卖丁丁糖的人。卖糖人在街上一边行走，一边用一把小锤敲马蹄形的糖刀，发出"叮叮——噹，叮叮——噹……"的声音。孩子们听到这种声音，就知道卖糖的来了，纷纷跑出来买糖吃。现在沿街叫卖丁丁糖的已经很少有了，这种声音成为人们一种美好的回忆。

还有一道出现于清朝后期，如今已经失传的美食——纸包炸鸡。这道美食本身不难做，顾名思义，就是将整鸡用纸完全包住，然后再放入高温的油中炸。做这道美食的关键就在于纸。

纸包鸡的纸必须以春笋为原料，并且还要采用最原始的蔡伦造纸法才能生产出来，但很早以前，这种纸便已经失传了，因此，这道菜也就逐渐消失了。

现在，大家是不是有了回到清朝的想法呢？游走在老北京城的胡同中，品尝着各种小吃，是一种多么惬意的生活啊！

▶ 小知识

> 仪真南门外，萧美人善制点心，凡馒头、糕、饺之类，小巧可爱，洁白如雪。

这段描述出自袁枚的《随园食单》。

萧美人，是清朝乾隆年间著名的女面点师，她因善于制作馒头、糕点、饺子等面点而闻名。袁枚非常推崇萧美人，他曾在晚年特意命人到仪真（今江苏省仪征市）购买萧美人所制作的点心8种，一共3000件，并用船运到南京，赠送给当时的江苏巡抚以及自己的亲友。

当时还有很多赞美萧美人的诗词，如："昔年丰姿，面如夹岸芙蓉，目似澄澈秋水。""妙手纤纤和粉匀，搓酥糁拌擅奇珍。自从香到江南日，市上名传萧美人。""绿扬城郭蓼花津，馄饨传来姓字新。莫道门前车马冷，日斜还有买糕人。"

◆◆ 晚清街头

第二章

江南十载战功高，
黄袿色映花翎飘

皇帝平时穿什么

　　清朝皇帝的服饰十分讲究，需顾及自身身份地位，通常分为朝服、吉服、常服、行服等几大服饰。平日里，皇帝的衣着主要以龙袍为主。龙袍属于吉服一类，相当于平时我们在家穿的普通家居服。皇帝朝服及所戴的冠分冬夏两款。冬季款用珍贵皮毛制成，修饰领口边缘；夏季款简约清爽，边缘则用绸缎修饰。

　　帝王服饰多以明黄色为主，黄为贵。其次为蓝、红、白，分别在祭祀、朝日、夕月时穿。

　　众所周知，古代帝王又称"九五之尊"。因此在古代，九五两个数象征高贵，普通人家要避讳。凡帝王所用，百姓连名字都要避讳，不得与帝王重名，更别说物品，否则便有杀头大罪。清朝皇帝的龙袍就体现了帝王的"九五之尊"。

首先，清代帝王龙袍上绣着九条金龙，在前胸、后背、左右两臂各一条，下摆的前后各两条。可是，只有八条龙，怎么缺一条龙呢？有人会这样认为，第九条龙是皇帝本身。其实这条龙也是在龙袍上的，只是被绣在衣襟里面，一般不容易被看到。

其次，"九五之尊"的"五"也体现在龙袍上，因为龙袍无论从前面看还是从后面看，都能看到五条金龙，徐徐腾飞，金光耀眼。龙袍既显示权威，又象征地位，更彰显帝王身份的高贵。龙袍唯有帝王可穿，哪怕是皇家子孙也不能轻易在衣服上绣龙；即便有皇帝的恩赐可以在衣服上绣龙纹，龙的爪子也不能齐全，因为"五爪金龙"是帝王的象征。

◆ 清·佚名《清高宗乾隆帝朝服像》

五彩云纹是龙袍上不可缺少的装饰，它是祥瑞之兆的象征，又起衬托作用，古代帝王们都唯我独尊，对帝位与命运颇为迷信。五彩云在中国古代被认为有传奇色彩的，且颇为罕见，将如此祥瑞绣在龙袍之上，帝王们的心思可见一斑。

红色蝙蝠即红蝠，其发音与"洪福"相同，寓意洪福齐天，所以红色蝙蝠纹也是龙袍上常用的一种装饰图案。

十二章纹，象征着帝王至高无上的权力。《尚书·益稷》中记载了舜帝与大禹的对话："予欲观古人之象，日、月、星辰、山、龙、华虫，作会；宗彝、藻、火、粉米、黼、黻，绣，以五采彰施于五色，作服，汝明。"

我们从历史文献中得知，十二章纹在清代帝王龙袍上的位置分别为：左肩绣日，右肩绣月；前襟绣星辰，后领下绣山；前身上有黼、黻，下有宗彝、藻，后身上有山、龙、华虫，下有火、粉米。

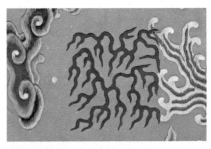

◆ 清代龙袍上的十二章纹之火

每一个章纹都有其特殊含义：日月星辰取其照临也；山取其镇也；黼若斧形，取其断也；黻为两己相背，取其辨也；宗彝取其孝也；藻（水草）取其洁也；龙取其变也；华虫（雉鸟）取其文也；火取其明也；粉米（白米）取其养也。由此可见，这十二章纹是对皇帝至善至美的帝德的赞美。

制作一件龙袍可不是简单的事，除了要刺绣，还会用到一种复杂的制作工艺——缂丝。缂丝在古代十分流行，但因其制作耗时长，效率低，所用人力物力非普通人家可以承受。

龙袍多为圆领，右大襟，马蹄袖，有纽襻。龙袍厚重，穿时不轻松。皇帝穿好龙袍后，还必须戴吉服冠，束吉服带，挂朝珠。

有句话叫"欲戴王冠，必承其重"。对于清代帝王来说，想要彰显皇家的地位就必然要穿戴如此复杂而繁重的服饰。然而我们现代人更多的是感叹绣工们的匠心和技艺水平。对于现代人来说，一件龙袍所传递的不只是帝王的威严，更是传递了古代服饰文化与古人制作服饰的智慧。

▶ 小知识

> 千秋疑案陈桥驿，一著黄袍便罢兵。

这句诗出自清朝史学家、文学家赵翼所著《廿二史札记》。

诗句说的是宋太祖赵匡胤"黄袍加身"的故事。"黄袍"实际上就象征着帝王之位。赵匡胤在陈桥发动兵变的时候，他就授意手下的将士事先准备了一件皇帝登基时穿的黄袍。在赵匡胤假装醉酒刚刚醒来的时候，将士将黄袍披在了他身上，并且都跪下高呼万岁，拥立他为皇帝。

剃发易服

清军入关后，汉人的生活习俗也被改变。剃发易服正是清朝统治者为了维护统治而推行的政策，他们强迫汉人剃满族人的发型，并穿满族服饰。

在汉服风再次袭来的今天，大家对古代汉人的发型和服饰一定不陌生，而满族男子的发型和汉族男子的发型是完全不同的。满族男子大多剃掉头发，只留一小缕编成一条长辫垂下。

清朝统治者颁布的剃发令中剃发标准要求极高，必须将头发几乎全部剃光，只留铜钱面积大小的一小片头发，再将其编成一条很细的辫子。

只剃前半部分头发的发型到清末才慢慢出现，如果在清初，这么剃可是死罪。

易服令则要求汉人穿满族人的服饰。满族人的服饰以旗装、马褂为主，领口为厂字襟，上衣配有盘扣，这些与汉族服饰完全不同。

清朝两百多年的统治使得汉族百姓改变了习俗，习惯了满族的发式和服饰。直至清朝灭亡，民国开启新风气，也无法在短时间内让人们剪去辫子，可见剃发易服政策对汉人的影响是多么深远。

▶ **小知识**

> 闻道头堪剃，而今尽剃头。
>
> 有头皆要剃，不剃不成头。
>
> 剃自由他剃，头亦是我头。
>
> 请看剃头者，人亦剃其头。

这是一首"剃头诗"，据传是明末遗老雪庵和尚写的一首打油诗。

这首诗形象地描绘了明朝灭亡后，清朝政府颁布剃头令，强制汉人依照满族人的习俗剃头的情景。当时，社会上还流传着"留头不留发，留发不留头"的说法。

这首五言剃头诗极具幽默，诗句合乎格律，充分利用了"剃头"二字，并做到反复变化，既朗朗上口，还具有寓意，巧妙讽刺了当时政府颁布的剃发令，充分体现了作诗人的聪明才智。

清代官员的等级之分——顶戴花翎

　　顶戴花翎是清朝官员官帽上的装饰。通过顶戴花翎我们能区分出清朝官员官位的级别，可以说，顶戴花翎是一种身份和地位的体现。事实上顶戴花翎应该是分开来叫的：一部分叫顶戴，一部分叫花翎。

　　顶戴，是清朝官员所戴帽子帽顶及上面珠饰的统称，又叫"顶带"。一般用玉石、黄金、白银等昂贵物品制成托，上面镶嵌珍珠宝石，以丝质帽缨装饰帽顶，十分讲究。

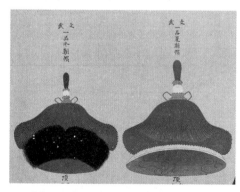

◆ 清朝一品官员朝帽

冬季与夏季所戴帽子也有所不同，冬天为了保暖，通常内衬要加厚防寒，夏天则为了凉爽减少材料。

夏季凉帽的材质主要为藤条、篾席，裹上白色或黄色绫罗，缀上红缨。冬季暖帽则一般用皮子、呢子、缎子和棉布等材料制成。

款式上，夏季凉帽没有帽檐，形状如喇叭，早期顶戴比较扁且宽大，不方便官员工作，后改为小而高，更精致高贵。冬天戴的暖帽主要为圆形，外有一圈檐边，以黑色为主，中间配红色帽纬。帽顶最高处都有顶珠，顶珠是不同颜色的珍贵宝石。

官帽最重要的部分就是顶珠，讲究颇多，要按官员们的品级来制作。

一品官员都用稀有且珍贵的顶级红宝石。这也是官员们仕途巅峰的象征。

二品官员的顶珠为镂花珊瑚，极其珍贵，内府总管、各省总督、总兵、护军统领等官职可佩戴。

三品官员的顶珠为蓝宝石。

四品官员的顶珠为青金石。

◆ 清朝品官朝帽顶珠

五品官员的顶珠为水晶。

六品官员的顶珠为砗磲。

七品官员则用素金的顶珠，无须镂刻花纹。素金是一种纯度较高的黄金，光泽度高。

八品官员和九品官员分别使用阴纹镂花金和阳纹镂花金做顶珠，其黄金含量低。

除了顶珠，花翎也是官帽上的一种装饰。它是皇帝御赐之物，非平常之人所能拥有。武职五品以上、文职巡抚兼提督衔及派往西北两路大臣才能佩戴花翎。花翎插在官帽的翎管中。翎管位于顶戴顶珠基座和帽顶相接的位置，用细绳拴住或用纯金托架托着，是一个用白玉或翡翠制成的管状插口。

花翎用孔雀的羽翎制成，冠状样式，分一眼、二眼、三眼，其中三眼最尊贵。这里的"眼"是指孔雀羽翎上眼状的圆形图案。

蓝翎与花翎同属一种冠饰，是把鹖鸟羽毛染成蓝色制作而成的无眼翎羽，赐予六品以下、在皇宫和王府当差的侍卫官员享戴，也可以赏赐建有军功的低级军官。鹖鸟是一种生性好勇斗狠的鸟类，至死都不会退却，因此蓝翎一般用于武士头冠装饰，以彰显其威武个性。

花翎作为清朝王公贵族特有的冠饰，不得随意滥用。朝廷规定，凡是身居要职的官员一旦被授予花翎，就必须佩戴，只有被处罚的人才会被拔去花翎，被拔花翎代表受到严重处罚。

因此，只要戴上了花翎，官员们都会认真对待，这不仅是荣誉的象征，更彰显权势地位。

◆◆ 清咸丰年间单眼顶戴花翎官帽

▶ **小知识**

苟利国家生死以，岂因祸福避趋之？

这句诗出自林则徐的《赴戍登程口占示家人二首》（其二），意思是只要有利于国家利益的事情，自己就要竭尽全力去做，即使牺牲生命也心甘情愿，绝对不因为自己有可能受到伤害而躲避。

当时，林则徐因为遭投降派诬陷，被皇帝谪贬伊犁，还被夺去了曾经因功而被道光皇帝赏赐的二眼花翎。

补子，百官沉浮一生的象征

在古代，朝廷有严格的服饰制度，不同身份的人身穿的服饰也不同，这些规定在官场中执行得十分严格。不同等级的官员衣服也有标记，不可弄错，否则有杀头之祸。

明朝时期流行一种叫"补子"的服饰标记，补子能体现官员的级别，用补子来作为官员级别标记的规定一直沿用至清朝。

补子是指官服的前胸后背上的圆形或方形织物，类似于补丁，是用金线及彩丝绣成的，上面的图案精美，一般为整块，四周没有边饰。

在清朝，官员的补子上的图案是有严格区分和设计的。文官以仙鹤、孔雀等鸟禽图案居多，按照级别有不同的补子图案。

一品文官绣仙鹤。仙鹤为"一鸟之下，万鸟之上"，羽毛洁白，不染俗尘。绣仙鹤也是一种对官员廉洁清正的期待。

二品文官补子上绣的是锦鸡。锦鸡对古人而言，是品性良好、德行兼备的象征。

三品文官补子上绣的是孔雀。孔雀毛色艳丽，衬托富贵与华丽，开屏的孔雀更是吉祥之兆。

四品文官补子上绣云雁。云雁高飞，如同官员们对仕途前程的厚望。

五品文官补子上绣的是白鹇。白鹇洁白通透，色泽华丽，走路姿势平稳，对官员而言象征仕途平顺。

六品文官补子上绣的是鸶鸶，象征出淤泥而不染。

七品文官补子上绣的是㶉𫛶，象征忠贞不贰。

八品文官补子上绣鹌鹑，象征淳朴、耿介、忠于职守。

九品文官补子上绣练雀，象征虽身居卑职，但柔中带刚，不畏权势。

武官的补子图案都是猛兽，猛兽战斗力强，象征武官们战无不胜，永保大清江山不衰。一品武官绣麒麟，二品绣狮子，三品绣豹，四品绣虎，五品绣熊罴，六品绣彪，七品、八品绣犀牛，九品绣海马。

了解了这些补子的图案，大家是否想到"衣冠禽兽"这个词呢？

这个词起初并不是贬义词，而是指官员衣物上的补子图案。到了明末，官员贪污严重，欺压百姓，作恶多端，导致他们名声恶臭，被百姓视为瘟神。于是，"衣冠禽兽"这个词开始有了贬义，且这种贬义一直流传下来，人们将那些为非作歹、道德败坏的人称为"衣冠禽兽"。

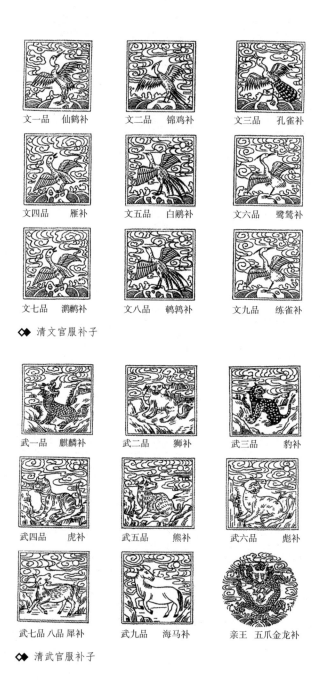

文一品　仙鹤补　　文二品　锦鸡补　　文三品　孔雀补

文四品　雁补　　文五品　白鹇补　　文六品　鹭鸶补

文七品　鸂鶒补　　文八品　鹌鹑补　　文九品　练雀补

◆◆　清文官服补子

武一品　麒麟补　　武二品　狮补　　武三品　豹补

武四品　虎补　　武五品　熊补　　武六品　彪补

武七品八品　犀补　　武九品　海马补　　亲王　五爪金龙补

◆◆　清武官服补子

> 绣衣成巷接公衙，曲曲弯弯路不差。
> 莫笑此间街道窄，有门能达相公家。

这是一首作于清代乾隆年间讽喻现实的诗《咏补子胡同》，作者不详。

诗文的意思是，穿着不同官服的官员们排成两列长队，犹如一条胡同，从和珅宅邸一直到他办公的衙署，把曲曲弯弯的好几条街都站满了。不要笑话街道因为两旁站满了人而显得狭窄，这里却有一条通往和中堂家的门径。

第三、四句是对前两句所描写的"反常"现象的解答，为人们揭开了谜底。整首诗言简意深，引人联想，充满了讽刺意味。诗中"有门"的"门"字既指和珅家的大门，又指逢迎取巧的门路，一语双关。

旗袍的前身——旗装

旗装是旗袍的前身，剃发易服之后，汉人也开始穿满族的旗装。说到旗袍，它是一种非常能代表中国文化特色的服饰，能很好地展示女性优雅的身姿，我们从中可以看到满族旗装的影子。

旗装由旗人而得名。努尔哈赤建立后金，推行八旗制度，八旗子弟称为旗人，服装也由此称为旗装。

初期的旗装一般为圆领，袖口窄，右侧有捻襟，下摆四面开衩，带有纽襻，束有腰带。下摆四面开衩，便于骑马；窄袖便于射箭，有的旗装袖子的口部还附有马蹄状的护袖，又称马蹄袖。可见，一个民族的服饰承载着这个民族的生活习俗。

当时的旗装，样式比较单一，除通过颜色、用料、花纹来区分阶级地位和身份年龄以外，基本没有太大差异。女子的旗装也十分简洁，以素色为主。

随着清朝统一中国，博大精深的中原服饰文化和满族的服饰文化互相融合影响。加上爱美之心人皆有之，旗装的颜色搭配越来越讲究，色彩越来越丰富，也开始出现各式各样的刺绣图案，比如龙凤呈祥图、凤穿牡丹图、鹤鹿同春图等。

在样式上，旗装的圆领也变为弧形立领，堪称旗袍领的鼻祖；下摆四面开衩也变为两侧开衩或不开衩；窄袖改为喇叭袖，袖头和捻襟上会绣花边或彩牙儿作为装饰，称为"画道儿"或"狗牙儿"。

旗装最初选用棉料，后来为了突显华丽与质感，穿着更为舒适，改为丝绸面料。当然这也与大清国力提升有关。百姓生活安定，对服饰的追求自然越来越高。

绣工们还会在布料上绣上艳丽逼真的图案，镶上花边。最初绣花边是为了缝补破损处，但人们发现花边也挺好看，于是便在袖口、领口绣上，一度成为流行装饰。再后来，女子旗装的交襟、左右领口都会绣上多重花边。贵族们为了显示地位和身份，便在左右腋下、对襟处绣如意云头式样的镶绲边，更有"三镶三绲""五镶五绲"等多种样式出现，更有甚者绣出"十八镶"。装饰越多则越好看，工序自然也更繁多，考究也越多。如此一来，在全凭人工制作的年代，制作一件上等的旗装可能需要花上一两个月时间。

清朝女子穿旗装时还会在肩部披上云肩，这是一种妇女所用的装饰。云肩并不是普通的披肩，清朝女子还会在婚礼上使用。贵妇的云肩尤其精美，有莲花状的，有璎珞状的，周围还有垂须。

众多云肩中，慈禧太后的云肩尤为珍贵，它是用 3500 颗珍珠穿织而成，奢华无比，价值连城。

了解了清朝的旗装，大家是不是对清代服饰多了一分熟悉感呢？

▶ 小知识

> 乍现玲珑态，凭添妖媚娇。
>
> 从来民国范，大美数旗袍。

清朝传统的旗装非常宽大，根本无法体现出身材的美好，而且旗装在穿着时还要搭配下裤。后来，人们对旗装进行了大量的改进，以充分展现出女性的曲线美，旗袍就逐渐形成了。

随着人们思想观念的开放，旗袍出现了高开衩的样式，女性在穿旗袍时，也不再穿长裤，而是开始穿丝袜。民国以后，在融合了西方裁剪技术和风格元素的基础上，旗袍进一步得到改良，更加突显了女性的美感。

马褂如何成了流行服饰

随着满汉文化日益融合，服饰文明也在进步。然而在清朝有一种服饰却被长久地传承着，这种服饰正是马褂。大家不知道它不要紧，但你们一定听过"黄马褂"这个说法吧。清朝人对马褂的喜爱要从游猎时期说起。

当年满族人生活在东北的白山黑水间，日常生活中最多的休闲娱乐就是骑马射箭，马背上的生活无比逍遥自在。

由于满族人长年生活在草原上，每天都要骑马，所以穿着上必须保证不影响骑马。因此他们常在长袍外穿一件短衣，长短不过腹，袖子掩肘即可，这种便于骑马的短衣也叫马褂。

马褂曾是满族人最爱的服饰。清军刚入关时，只有八旗子弟会这样穿，但到了康熙、雍正时期，马褂开始在关内盛行，从帝王到百姓都非常喜爱这种服饰。

数十年后，穿马褂成为一种流行趋势，而马褂的样式也越来越多，如单、夹、纱、皮、棉等，马褂成为大街小巷的流行服饰。

马褂的盛行，也带来了新的攀比之风。贵族家庭一般能用珍贵的材质来制作马褂，像帝王就喜欢用裘皮制作成皮马褂，赏赐给有功的臣子，得到御赐马褂的人自然会深感荣幸，御赐马褂对其政治地位也有极大帮助。

马褂也很受年轻人的喜爱，穿上一件精美的马褂在街上行走，威风凛凛，时常能收获一些羡慕和青睐的眼光。

如此威风的马褂究竟是什么样的呢？它一般是圆领，分为对襟、大襟、琵琶襟、人字襟几种，也有长袖、缺袖、大袖、窄袖之分，袖口都是平袖，改良了从前的马蹄式袖口，领子和袖口也会有镶绲。

从清朝初期到末年，马褂不管是用料还是颜色都有改变，唯一不变的就是黄马褂为皇家御用，它是帝王御赐之物，也是身份的展示。

皇帝身边的侍卫是可以穿黄马褂的，他们的地位要高于普通的士兵。作为替皇帝开道守护安危的御前侍卫，身穿黄马褂自然也象征着皇室的威严与地位。

清朝以后，社会上还在流行穿马褂。民国政府还曾经把黑马褂、蓝长袍定为国家外交的礼服，用于一些重要礼仪场合，长袍马褂也一度在全国流行。一直到20世纪40年代，人们才逐渐不再穿马褂了。

现在，很少有人再穿马褂了，但是，这种传统服饰对中国服装艺术的影响却没有消失，马褂的服饰元素依然存在于新式唐装或者民族服饰之中。

> 凡领侍卫内大臣，御前大臣、侍卫，乾清门侍卫、外班侍卫，班领，护军统领，前引十大臣，皆服黄马褂。

这段话出自清朝宗室大臣、史学家爱新觉罗·昭梿所著的《啸亭续录》，其中对黄马褂的种类、颜色进行了详细叙述。

书中提到，可以享用黄马褂的人有：皇帝出巡时，所有御前大臣、内大臣等；侍卫、仆长等皇帝的心腹之人；竞技场上比武的优胜者、作战有功的高级武将或统兵的文官及朝廷特使等，比如侍卫班领、护军统领等。

◆ 马褂

后宫妃嫔人人追求的龙华

　　清朝皇室重视服饰，不只男子，后宫嫔妃的服饰也有特别的装饰设计。在皇宫时，女子大多会系上一条白领，材质有所不同，款式各异，叫作"龙华"。

　　清朝皇室的服饰颇具民族特色。入关前，满族人主要从事游猎工作，为了在捕捉猎物过程中脑袋能够灵活地转动，满族人的衣服大多数都采用了没有衣领的结构。

　　清军入关后，清朝皇室发现宫廷女子服饰存在领口过大，容易走光的情况。最初人们也并不在意，然而随着贵族汉化深入，他们也意识到这种装束十分不雅，于是用龙华来遮盖脖子和领口。

　　也就是说，龙华主要是起衣领的作用，当然也可作御寒之用。服饰的演变能追溯到其背后的生活习惯变迁。

清朝贵族女子，在草原上像男儿一样奔放豪迈，入关后却要收敛自己，深藏在皇宫内院，心甘情愿做帝王背后的女人。

龙华作为清朝皇室常见装饰，多为白色，绸缎质地，为贵族专供。为了区分清朝皇室妇女的地位，龙华的设计也有许多区别，并且不同的龙华佩戴也有等级之分，不同等级的嫔妃所佩戴的龙华在宽窄、大小、花的种类、个数上都不同。

身份最卑微的宫女佩戴纯白色龙华。而地位越高身份越显赫的，佩戴的龙华会越宽，装饰也越丰富。

和普通妃子相比，皇后和皇太后所佩戴的龙华自然最为尊贵。皇后作为后宫之主，可自由选择龙华上的图案，只有世上独一无二的图案，才能让她成为紫禁城最耀眼的存在。皇太后所佩戴的龙华上的图案一般是"团寿"和"福寿"，代表其对长寿的期盼。

从龙华细节的设计来看，清朝皇室的确非常重视身份地位，光是一条配饰就如此用心，几乎要把地位权势全都在服饰上展现出来，这也许正是出于清朝皇室贵族们自身的一种虚荣之心。

龙华是大多数后宫妃嫔耗费毕生精力去追求的一件饰物，它见证了紫禁城里的女人一生的沉浮。

> 画罗纨扇总如云，细草新泥簇蝶裙。
>
> 孤愤何关儿女事，踏青争上岳王坟。

这首诗是清朝诗人黄任的《西湖杂诗十四首》（其二）。前两句的意思是：一群女子穿着织有花纹的衣裙，手持纨扇，熙熙攘攘地走着，路边纤细的草叶簇拥着她们绣有彩蝶的裙摆。此诗的前两句形象描绘了清朝女子的穿衣打扮。

◆◇ 慈禧太后与清宫女眷合影

一定不要碰的服饰禁令

清朝的服饰禁令，堪称中国历史上最重视民族特色和最遵守封建等级制度的禁令。自清朝建立以来，服饰制度不断推陈出新，历经多年时间，才确立了一套完善、系统同时具有鲜明民族特色的服饰制度。

可以说，清朝的服饰制度不仅保留了满族服饰独有的袍褂形态，又将汉族传统服饰等级制度融合于一体，满族特色与汉族礼制的碰撞融合，使其成为我国古代服饰史上独特且占据重要地位的服饰制度。

从历史上来看，清王朝也是一个比较有独特民族风格的统治政权。满族人拥有千年的渔猎文化，其服饰文化到清朝依然根深蒂固，即便后来入主中原，其民族特色也一直保留。

清朝皇室一度为了统治地位而推行服饰改革，迫使汉人接受其自身文化，手段暴力且残忍，甚至不惜杀害许多无辜百姓，以镇压来推广满族服饰和发式。

在清朝统治的200多年时间里，传统守旧的满族文化，一度为人们所诟病。不过，随着时间的推移，满汉民族的关系越来越融合，无论是服饰还是文化风俗都在互相影响。

但清朝服饰禁令中的"严内外、辨亲疏""分等级、定尊卑"政策，也是历朝历代最为严格和细致的，根据男女、身份、地位、职位、场合等进行了严格区分。

清军刚入关的时候，各种规章制度都学习明朝，在服饰方面也不例外。顺治和康熙年间，朝廷都下达过相关的服饰禁令，而且十分细致。

比如，在顺治九年（1652）四月就发布过这样的规定："小拨什库、外廊书吏、通事、耆老、兵民、商人，蟒缎、妆缎、金花缎、倭缎、闪色缎、各色花缎、彩绣、貂皮、猞猁狲、狐腋、豹皮俱不许穿，亦不许制被褥帐幔，只许穿青素缎、蓝素缎、绫、绢、纺丝、素纱、棉布、夏布，不许镶领袖，不许穿缎靴，不许靴上镶绿斜皮及云头金线，不许镶靴袜，不许戴得勒素凉帽。"

即使是官员，在穿衣上也有严格的等级划分。比如，冬天人们很讲究大衣的材质。但在清朝，只有皇帝才有资格使用黑狐皮。而且，每一级别的官员应该穿哪种裘皮做成的大衣，都有相关的规定。在清朝官场上，官员如果搞混了该穿的衣服，则可能会面临极为严苛的处罚。

清朝从皇帝到庶民的服饰品类众多，每种品类服饰之复杂，工艺之烦琐，均是我们所无法想象的。

不过我们从之前的服饰细分中可以了解一二，帝后服饰多为华丽富贵，需要彰显其显赫的皇家气质与地位。

明黄色为帝、后专用，太子也只能用杏黄色。配饰也有严格等级规定，佩戴时不得僭越。刺绣图案更为严谨，像龙凤这样的图案只有皇家能使用，普通人家违禁僭用会被治罪。

清朝的服饰禁令不胜枚举，不过某些禁令的确过于严格，这也体现了清朝统治者过于强势的统治思想。

> ▶ **小知识**

> 夫礼服之兴也，所以报功章德，尊仁尚贤。故礼尊尊贵贵，不得相逾，所以为礼也，非其人不得服其服，所以顺礼也。

这段话出自《后汉书·志·舆服上》，反映了古人在服饰方面的严格规定，体现了古代社会等级中人与人之间贵与贱的区分，上级与下级的系统排列，身份地位的差异，等等。"非其人不得服其服"，更是明确告诉人们，穿衣必须符合身份，不能随意。

书中还以帝王冠服为主线，详细规定了各级官吏对应的冠服制度，界限森严，不能随意逾越。这些服饰禁令，对下级官吏和平民百姓的限制更是严格。

◆《塞宴四事图》中的清宫女眷形象

第三章

秉时御气暮春初，
灵沼灵台艳裔舒

从贵族到平民的建筑

明朝灭亡后，清军入关，定都于北京。在城市建设规划上，清朝大体沿用了明朝都城的格局，只对局部略做调整改造，并且对郊区进行了开发利用。

明朝的皇城在改造中被撤销。在明朝，皇城北部的大部分用地原本归内府二十四衙门所有，清朝将其改作胡同民居。

同时，清朝将明朝在皇城东南部的"南内"改建为庙宇，在其内供奉满族所信奉的萨满教尊神。

此外，清朝还将皇城西部西什库一带的用地大量改造为民居。就这样改变了明朝建立以来的皇城布局。

在建筑的艺术风格上，清朝与以前的朝代并不相同。我国传统建筑自宋元以来，更着重刻画曲线柔美的屋顶、气势恢宏的斗拱、雄伟的出檐、浑厚沉重的柱身，整体风格严谨、稳重。

但是到了清朝，这种对建筑的构造之美的追求开始逐步消失，转而侧重彰显建筑在组合与形体上的变化。在装饰细节等方面，开始侧重在形式方面的艺术表现。

清朝的建筑师根据地形条件，将各种建筑体型与地理空间进行巧妙又灵活的组合，建造了一批如承德避暑山庄、承德外八庙、北京西郊园林等高水平的建筑群。

与以前的朝代相比，清朝的建筑采用了较多的砖石材料，这是因为当时木材资源匮乏，清朝建筑不得不改变对建筑材料的选择，以减少对传统木材架构技术的过度依赖。

因为建筑材料的不同，清朝建筑开始盛行艺术风格上的装饰主义，在建筑上广泛运用木雕、石雕、砖雕等技艺，既侧重整体布局，也追求艺术意境。

清顺治朝时，对前三殿、后三宫的布局轴线，左右六宫的分列未做改动，仍按照明代的格局对宫殿进行了复建。同时在门制上也继续沿用明代的"三朝五门"制。

同时，按照明朝皇城的规划格局，清皇室还对武英殿、文华殿、慈宁宫、社稷坛、太庙等进行了复建或增建，仅更改了部分殿名、门名，以此来表示新王朝的开始。

中国有着辽阔的疆域，也有着多样的民居形式。清朝的民居形式主要分为七大类，分别是庭院式、窑洞式、干阑式、毡房和帐房、藏族民居、维吾尔族民居及其他特殊类型民居。这七大类民居形式又以庭院式为主。

庭院式民居最显著的特征是，组成院落的每幢房屋都是分离的，彼此不相连或者仅以走廊相连。

每一幢房屋均有结实的外檐，环绕其间的院落面积也比较大。屋架结构为抬梁式构架，外包厚墙，门窗向内。这种庭院式民居形式也叫合院式，在冬季不但能避免寒风侵袭，而且还能获得充沛的日照；在夏季则有宽敞的室外活动空间，还有凉爽的自然风袭来。因此中国北方地区通用这种民居形式，在东北、华北、西北地区尤为盛行。

北京四合院为合院式民居中的典型代表。北京四合院的标准配置为三进院落，东南角开大门，倒座房、垂花门、正房、后罩房依次坐落在南北轴线上。每进院落皆有东西厢房，并且正房的两侧均有耳房。住房之间借院落四周的抄手游廊与穿山游廊相连。

除此以外，大型住宅还额外配置了轴线房屋及书房、花园等。院落内的每幢住房的用途都是固定的：倒座房用来做仆役房及账房、门房；正房堂屋是内客厅，家族在此议事；家族的家长及长辈居于正房；厢房为子侄辈使用；后罩房供女眷居住。这种封闭型民居实际上有着严格的等级秩序，分长幼、内外、贵贱，具有极强的宗法性。

庭院式民居的另一大类则是厅井式民居，多见于我国南方，敞口厅及小天井为其主要特色。在厅井式民居中，庭院的四面房屋均相连，彼此间屋面相搭联，将中间的小院落紧紧包围，屋檐高，院落小，其形宛若井口，因此称为天井。天井里通常都会对地面进行铺装且配有排水渠道。厅井式民居每幢住屋前的屋檐或前廊均很宽，下雨时人们可以在檐廊下穿行。

此外，有一部分住屋为敞口厅等半室外空间，和天井一起作为生活空间使用。厅井式民居多用穿斗式构架。在南方湿热的夏季，厅井式民居能产生阴凉的对流风，对院内小气候可以起到一定程度的改善作用。

作为日常活动中心的敞厅，也不受雨季影响，各项生活以及生产活动也能有较多的室外、半室外空间来安排。江浙、两湖、闽粤的民居为厅井式民居的典型代表。

庭院式民居的集合式住宅以独特的模式来组合整个族群众多的住屋，构成了族群式民居。这类民居外貌庞大雄浑，多见于闽西、粤东、赣南等地的客家人居住地区。

客家人喜欢建造方形或圆形的大土楼。福建省龙岩市永定区高头镇高北村的承启楼就是典型的客家特色民居。这个直径七十多米的楼房为四层夯土木构架，环状布置住房，一、二层外墙不开窗，只在内墙开一小窗，外观封闭，内院有圆形附属房屋套建，全族人共同的祠堂位于中心。内有粮仓、水井。倘若遇到侵袭，便可关闭楼门，哪怕没有外援，全族也能坚持抵抗很长时间。

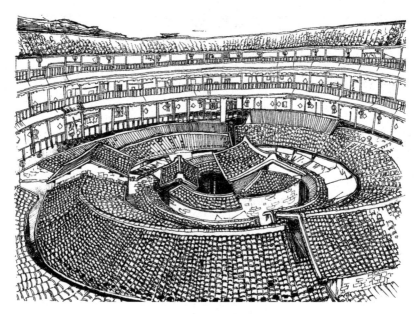

◆ 福建龙岩市永定区承启楼

▶ 小知识

> 坐爱前檐前，卧爱北窗北。
>
> 窗竹多好风，檐松有嘉色。

这两句诗出自唐朝诗人白居易的《玩松竹二首》，从诗中可以看出遮阴、采光及通风等对房屋建筑的重要性。

诗人或坐在屋檐下，或卧于北窗前，欣赏房前屋后的松竹美景，十分闲适。

宫廷与官府的建筑风格

　　沿用明朝的叫法，清朝也把皇宫称为"紫禁城"。紫禁城既是皇帝行使其最高统治权力的场所，也是皇帝及其后宫妃嫔的日常生活之处。

　　清朝皇宫的建筑格局承袭自明朝皇宫，严整方正、左右对称、左祖右社、面朝后市。清朝对皇宫无论是扩建还是改造，都很好地遵循了以上准则。

　　黄顶琉璃瓦的紫禁城占地面积有 72 万多平方米，共有 8000 多间房屋，以一条南北向的直线为中轴向两旁展开，左右对称。这些宫殿皆为木结构，底座为青白石，用彩画来装饰，金碧辉煌。

　　贯穿紫禁城的这条中轴线，南到永定门，北至钟楼，规划严整，气势恢宏，蔚为壮观。

为了方便生活起居与日常办公，皇宫宫城遵循"前朝后寝"的格局，从而构成了一个体形庞大且空间组织繁复的建筑群体。

"前朝"是以"三大殿"——太和殿、中和殿、保和殿为主体，"后寝"则是从乾清门开始以北区域，这片区域既是帝、后日常处理政务和事务的场所，也是帝王及其后宫妃嫔的生活起居之地。

"高台建筑"也是皇宫宫城在构筑上遵循的原则。紫禁城的最高建筑物太和殿是典型的高台建筑物，其形制庄严、气派、雄伟，皇帝在这里行使最高统治权力，彰显了皇权的唯我独尊、至高无上。

为了实现军事上与政治上的长治久安，皇宫宫城的城墙坚固厚重，还建有垛楼，这遵循了"利于防御"的军事原则。

清军入关后，重新调整了皇宫以及都城一体化的构筑规划。顺治八年（1651），皇城正门承天门重修后，改名为天安门。同年，皇城的后门改名为地安门。再算上保留名称的东安门、西安门，皇城这四门的名字寓意为"江山永固""长治久安"。

"政通人和"是清朝统治者们在重新规划与构筑皇宫及都城一体化上想要实现的构想。因此，清政府在顺治二年（1645）下令重建当时紫禁城的三大殿，也就是皇极殿、中极殿、建极殿，且在完工后将三大殿更名为太和殿、中和殿、保和殿。

此外，为避康熙皇帝的名讳，清政府将原来的玄武门更名为神武门；为避道光皇帝的名讳，又将外城的广宁门更名为广安门。而紫禁城各宫殿、宫门的匾额则使用满汉两种文字合璧书写。

清朝还改造了紫禁城的内廷，按满族风俗改建坤宁宫、宁寿宫花园等。

在这些建筑中，清朝统治者们举行了一系列与前代不一样的政治活动，如各种庆典年节、宴飨、朝会、命将以及颁朔之礼等，以此来彰显"政通人和"的构想。

皇宫是当时规格最高的建筑，王府则是仅次于皇宫的建筑，其在建造形制上同样必须遵守严格的规定，不得违制。

王府的建筑也是一个具有中轴线的建筑群体，其核心组成部分为正门、正殿、后殿、后寝等建筑，搭有东西配殿、配楼等。

亲王府的建筑规定为"正殿七间，基高四尺五寸"，这不但使整个王府建筑在视角上错落有序、和谐对称，而且也突显了正殿在这一建筑群体中的地位和重要性。

皇宫屋顶主要使用黄色琉璃瓦，因此显得金碧辉煌，而王府的屋顶只能使用绿色的瓦，这是因为瓦的颜色也要遵循森严的封建等级制度。

清朝亲王府的正殿七间，两重寝宫各五间。在建造形制上，王府的中路一律相同，可自由配置东西两路，主要有府门（也叫宫门，亲王府为五间，郡王府为三间）、影壁、大殿（也称银安殿）、二府门、神殿、后楼、家庙等。

清朝的府衙建筑同样非常讲究，等级甚为森严。清朝的一个典型省级衙署——直隶总督署，便是承袭了前朝衙署建筑布局的特色，同时也深受明清时期北京皇家宫殿建筑布局和民居建筑规制的影响。

直隶总督衙署共占地 3 万余平方米，东西宽 134.4 米，南北纵深约 224 米，整座建筑坐北朝南，分东、中、西三路。其中中路五进院落坐落在督署的中轴线上，有大门、仪门、大堂、二堂、官邸、上房，左右两侧均配有厢房耳房。

衙署自南向北的主要建筑依次为大门、仪门、戒石坊、大堂、二堂、内宅门、官邸、上房、后库，各堂院的厢房、耳房、回廊等附属建筑在仪门以北，皆为小式硬山建筑。

直隶总督署大门以外的其他附属建筑，如建造于清时的辕门、照壁、旗杆、乐亭鼓亭、石狮一对、东西班房，以及建于西辕门外专司拜发奏折以及每日报时所用的炮台等现今大多不存。

透过直隶总督署的建筑格局，我们依然能感受到昔年威严的气势。

而河南省南阳市的内乡县衙素有"天下第一衙"之称，它是中国保存最完整的封建时代县级官署衙门。内乡县衙完全严格遵循着《明史》《清会典》所载"坐北朝南、左文右武、前堂后邸、监狱居南"这一建筑规制。

内乡县衙本就是仿北京故宫的太和、中和、保和三大殿而建，光绪年间受命知内乡县事的官员章炳焘为浙江人士，再加上内乡所处地理位置等因素的影响，其建筑风格融合了南北地域的特色。

内乡县衙中轴线上共 6 组四合院，85 间房屋，其建筑布局对称，紧凑合理，主次分明。其建筑主体有大门、大堂、二堂、迎宾厅、三堂，东西有账房，两侧有庭院，高低错落，整体井然有序。

县衙是官差办公的场所，也是知县行使权力的地方，代表了封建社会基层政府组织。统治阶级对衙署的设置非常重视，并同样设有一定的规制：各省衙署治事之堂为大堂、二堂，外有大门和仪门，宴息之所为内室、群室，吏攒办事之所为科房。

通过上面的介绍，大家一定能够看出来，无论紫禁城还是各级衙门，都是清朝统治阶级行使权力、统治百姓的地方，它们的建筑风格与它们的政治功能是完全吻合的。

▶ **小知识**

> 衙斋卧听萧萧竹，疑是民间疾苦声。
> 些小吾曹州县吏，一枝一叶总关情。

这首诗是乾隆年间郑板桥任山东潍县知县时写给包括的《潍县署中画竹呈年伯包大中丞括》，又名《墨竹图题诗》。

郑板桥当时正躺在县衙的书斋里休息，听见窗外风吹动竹叶发出阵阵萧萧的声音，觉得很像是百姓因为饥饿寒冷发出的怨声。虽然他只是小小的州县官吏，但是老百姓的一举一动都牵动着他的心。

郑板桥在这首诗中采用托物陈喻的手法，通过描写他在县衙中所听到的声音，写到正在遭受疾苦的百姓，表达了为官清正、力矫时弊，将民生系己一身的志向。同时，这首诗也流露出他对老百姓命运的深切关注。

◆◆ 故宫太和殿

不得不说的三山五园

中国的古典园林在清朝可以说是发展到了一个辉煌的全盛时期。与以往朝代不同，形式多、功能全、艺术化是清朝时期的中国园林的独特之处。而"三山五园"堪称是这一时期园林艺术的杰出代表。

人们将位于北京西北郊，以清朝皇家园林为代表的历史文化遗产统称为"三山五园"。"三山"是指万寿山、香山、玉泉山，"五园"是指建在这三座山上的静宜园、颐和园、静明园以及附近的畅春园和圆明园。

也许大家会好奇，为什么清朝要在这么远的北京西北郊区建设这些园林？

事实上，北京西北郊区不但风光秀丽，泉水也丰沛。西山地区，早在金朝时便已建立了八处行宫，名为"八大水院"。

此地还有多处建于明时的私家园林和带有园林的寺庙。但说到底，这主要还是因为满族游猎文化带来的影响。清朝的皇帝大多不喜欢在皇宫久居，反而喜欢到景色宜人的地方建造行宫居住。

北京南苑和皇城的西苑就是顺治皇帝常居之地。康熙皇帝则将玉泉山南麓命名为"澄心园"，改为行宫，同时还在香山寺旁建行宫。

而位于今北京市海淀区圆明园南边、北京大学西边的畅春园更是北京西郊第一所皇家园林，被称为"京师第一名园"，在康熙二十三年（1684）修建于明代李伟的别墅"清华园"的废址上。

畅春园园内的山水建筑有前湖、后湖、清雅亭、听水音、挹海堂、花聚亭等。该园是仿江南园林而建，供皇帝在郊外避暑听政用。

宫廷画师叶洮负责园林山水的总体设计，与负责叠山理水的江南园匠张然携手，将万泉河水系整修，引河水入园。

畅春园的主体为园林景观，其内多为小式卷棚瓦顶建筑，不施彩绘，建筑风格朴素。虎皮石砌筑园墙，土阜平冈堆山，湖石并不算珍贵稀有。

园内景色清幽，有不少明代的古树、古藤，又遍植花木，有蜡梅、丁香、牡丹、玉兰、桃、葡萄等，竹鸡、白鹤、孔雀、麋鹿散布林间。

之后的避暑山庄和被乾隆扩建之前的圆明园等皇家宫苑，都受到了畅春园这种崇尚自然朴素风格的影响。

静宜园则是一座完全的山地园，它位于北京西北郊的香山。全园沿山坡而下，分为内垣、外垣、别垣三部分。东南部的半山坡的山麓地段是内垣，也是荟萃了主要景点的建筑之地。

内垣不但有宫廷区，还有古刹香山寺、洪光寺，以及璎珞岩等自然景观散布其中。内垣的西北区黄栌成片，深秋时节，层林尽染。静宜园的重要景观之一便是西山红叶。

香山的高山区则是外垣，面积广阔，景点有 15 处，大部分是因景而构的小园林建筑，是欣赏自然风光的绝佳之处。别垣在静宜园北部，其内建有昭庙和正凝堂。

静明园位于北京市海淀区玉泉山小东门外、颐和园昆明湖西，占地 75 公顷，其中水面有 13 公顷。康熙十九年（1680）建行宫澄心园，于康熙三十一年（1692）更名为静明园。静明园于乾隆年间大规模扩建，"静明园十六景"在此期间成形。

颐和园则是中国保存最完整、现存规模最大的皇家园林，为中国四大名园之一（另三座为承德避暑山庄、苏州拙政园、苏州留园）。

颐和园位于北京市海淀区，占地约 3 平方公里，是以万寿山、昆明湖为基础，以杭州西湖风景为蓝本，再汲取江南园林的一些设计手法和意境，而建成的一座大型的山水园林，有"皇家园林博物馆"的美誉。

圆明园与颐和园毗邻，坐落于北京西郊，始建于康熙四十六年（1707），是兼容了西洋风与中式风的皇家园林。由圆明园、长春园、绮春园三园组成，建筑面积有 20 万平方米，被称为"万园之园"。

圆明园是清朝数代帝王用了 150 余年创建并经营的，在皇家园林中其修建时间最长，人力物力花费最多，景观也最为壮丽恢宏。圆明园将中国的优秀造园传统继承并发扬光大，同时汲取欧式园林的精华，将宫廷建筑的雍容华贵与江南园林的淡雅秀美完美地融为一体。

遗憾的是，这样一座世界名园，却毁在了咸丰十年（1860）英法联军攻占北京之时。1860 年 10 月，3500 名英法联军冲入圆明园，在抢掠财宝的同时，还在园中放了一把火。这场大火烧了三日仍未熄灭，园中珍宝被劫掠一空，而圆明园也成了一片废墟。

圆明园的被毁，不仅对中国来说是一种损失，对整个世界的园林艺术来说更是一种遗憾。

清朝的"三山五园"到现在有的还存在，有的早已消失，但是这些园林建筑对推动中国园林艺术的进步有着不可替代的作用，它们的艺术风格依然影响着我国园林艺术的发展。

▶ **小知识**

> 秉时御气暮春初，灵沼灵台艳裔舒。
>
> 似毯绿茵承步辇，含胎红杏倚玫除。
>
> 下空回雁无忧弋，画水文鳞底用渔。
>
> 满眼韶光如有待，东风着意为吹嘘。

这首诗是清朝乾隆皇帝的《三月初八日幸圆明园》，描写了圆明园的美景。

清朝皇陵为什么要东西分开

　　清太祖努尔哈赤、清太宗皇太极去世后均葬在山海关以外，太祖努尔哈赤的父祖也葬在关外。清太祖和清太宗在位时，清朝还只是一个偏居关外的政权，因此那时候还不太讲究祖坟的位置和规模。

　　入关后，清朝皇帝才开始考虑皇帝陵墓的位置和规模。此时不管是基于政治考量，还是考虑以后的祭祀事宜，帝陵再安置在关外肯定不合适。

　　顺治皇帝想在离京城比较近的地方寻一处风水宝地来修建帝陵，最终将地址选在京城往东一百多公里处的遵化。

　　顺治十八年（1661）始建清东陵，最早葬于此处的即是顺治皇帝。之后葬于东陵的几位皇帝依次是康熙、乾隆、咸丰、同治。

清东陵有陵寝15座，帝、后、妃以及皇子公主共161位长眠于此。在中国现存的帝王陵墓建筑群中，清东陵体系最完整、规模最宏大、布局最得体。

　　同一个王朝的皇帝陵墓按照常理都应该集中在同一地区，但清朝皇帝又兴建了西陵。

　　雍正皇帝本来也计划去世后葬在东陵，清东陵九凤朝阳山本应是雍正的陵址。而怡亲王胤祥奉旨去察看即将竣工的东陵陵墓地宫工程情况后，认为东陵的地质有问题，向雍正做了汇报。

◆ 清东陵地图（局部）

雍正认为那里"规模虽大而形局未全，穴中之土又带砂石，实不可用"，因此废掉原址，命人另选"万年吉地"。

选址者奏称，易县永宁山下是"乾坤聚秀之区，阴阳汇合之所，龙穴砂水，无美不收。形势理气，诸吉咸备"。雍正对此非常满意，也认为那里"山脉水法，条理详明，洵为上吉之壤"，最后选定了这块地方，也就是后来的清西陵所在地。

清西陵始建于雍正八年（1730），是清朝四位皇帝的陵寝之地，有雍正的泰陵、嘉庆的昌陵、道光的慕陵和光绪的崇陵。

清西陵兴建后，清朝皇帝就有了东西二陵，雍正葬于西陵，那其后的皇帝要如何选择陵区安葬呢？乾隆皇帝就曾为此发愁。后来他终于想出了解决的办法，那就是依"昭穆之制"选择。

昭穆制度，就是古代宗庙的排列次序。据《周礼·春官·小宗伯》载："辨庙祧之昭穆。"郑玄注曰："自始祖之后，父为昭，子为穆。"也就是说，在宗庙中，始祖居中，其子孙分左右两列排列，昭在左，穆在右。昭为始祖之子，穆为始祖之孙；始祖孙之子也为昭，始祖孙之孙亦为穆。如此按照昭穆排列，父子一直不在同一列，而祖孙则一直同列。

这个规则也同样应用在墓地的葬位上，以此为准分左右次序。为了区分宗族内部的辈分，子孙在祭祀时的次序也要按这样来排列。按照昭穆之制，乾隆安葬于东陵。

道光元年（1821），道光皇帝在东陵的宝华峪开始兴建陵寝，于道光七年（1827）竣工。

然而道光八年（1828）便发生宝华峪地宫渗水事件，道光帝只好在西陵重新选址，将东陵宝华峪陵寝与妃园寝废掉，拆运到西陵重建，打破了乾隆皇帝确立的昭穆之制。

清西陵金龙峪和清东陵龙泉峪两处宝地本为咸丰皇帝选址，但他后来选择了东陵龙泉峪。

慈禧太后为同治皇帝挑选了清西陵的金龙峪和清东陵的双山峪，最后定址为清东陵的双山峪。

▶ **小知识**

> 山色江声共寂寥，十三陵树晚萧萧。
>
> 中原事业如江左，芳草何须怨六朝？

这首诗是清代词人纳兰性德所写的《秣陵怀古》。

整首诗的意思是，山的景色，江水的声音，给人一种寂静冷清、空旷高远的感觉，十三陵的树林在晚风中发出萧萧的声音。中原的事业和江左政权一样腐朽，芳草何必为六朝的旧事而伤感呢？

这首诗首先描写的是寂寥的山色水声，但是视角马上转换，描写了远在北京的明十三陵的萧萧树林，给人一种历史的沧桑感，并且把朝代兴亡更替的历史发展规律寄托在山色江声、芳草树木的具体形象之中。

北京四合院的等级与规制

北京四合院可谓天下闻名。清朝时期，北京的四合院遍地都是，多得数不清。四合院虽说是普遍的民居建筑，但也有着一定的等级与规制，大致可分为小、中、大三种四合院。

小四合院通常是一明两暗或两明一暗的北房三间，东西各两间厢房，三间南房（倒座房）。瓦房起脊，卧砖到顶。可住祖孙三代，正房归祖辈使用，厢房给晚辈使用，南房可用作客厅或书房。各处房门皆有砖墁甬道连接，每个屋前都有台阶。两扇黑漆油饰的大门，门上有一对黄铜门钹，门两侧通常贴有对联。

与小四合院相比，中四合院则要宽敞多了，通常是五间北房（三正二耳），东西两侧厢房各有三间，房前的走廊可以挡风避雨。

中四合院用院墙隔离前院（外院）、后院（内院），院墙上开月亮门相通。前院进深浅，用一两间房屋作为门房；后院则为居住区域，建筑讲究，方砖铺地，青石为阶。

大四合院通常是由多个四合院纵深相连而成的复式四合院，房屋的设置有"五南五北"或"七南七北"的布局，甚至还有九间或十一间大正房。它有着极多的院落，前院、后院、东院、西院、正院、偏院、跨院、书房院、围房院、马号……院内各处均有抄手游廊连接。

大四合院中的四进四合院，不是随便什么人都能住的，一般来说只有王爷才能居住。王爷以外的其他官员住房，是根据级别来划分的。一品到九品，不同品级官员的住房规格也是不同的。

一品官员级别最高，可以享有二十间住房，如拿四合院来比对的话，就相当于三进四合院了。三进四合院，入门第一进是院子，第二进是厢房、正房，第三进是后罩房。这种规格的房子，能容纳官员家眷十几口人，且房间还有富余。

二品官员也能居住三进四合院，但按照规格，只能有十五间房，这类级别官员的职务大概就是总督、内阁学士等。

随着官员级别的降低，其所享有的住房规格也在不断下降。三品官员有十二间，四品官员有十间，五品官员有七间，六品官员有五间，七品官则只有四间。

但这个标准也不是固定不变的。国库的充实程度影响着官员的待遇，倘若国库空虚，官员的待遇肯定不好。

最末品的九品官员，住的便是小四合院。相较于没有房的老百姓来说，这已经相当不错了。

在清朝只有有地位的官员或者有钱的贵族才能住上超过两进四合院规格的房子，平民百姓可是住不起的。

中国人讲究门面，清朝时的北京民居也充分体现了这一点。四合院的大门面积一般占一间房，构件复杂。组成部分非常之多，有门楼、门洞、门扇、门框、腰枋、塞余板、走马板、门枕、连槛、门槛、门簪、大边、抹头、穿带、门心板、门钹、插关、兽面、门钉、门联等。大门通常都是油黑的，门外两侧还有红底黑字的对联，显得富贵又庄严。

《清会典事例》中记载：顺治九年明确规定，亲王府"基高十尺，正门广五间，启门三""均红青油饰，每门金钉六十有三"；郡王府、世子府"基高八尺"，正门金钉"减亲王七分之二"；贝勒府"基高六尺，正门三间，启门一""门柱红青油饰"；贝子府"基高二尺""启门一"；公侯以下级别的官员和百姓的房屋"台阶高一尺""柱用素油，门用黑饰"。

虽然亲王贵族以下的官员或者有钱人的府第大门没有严格的形制，但户主的身份高低还是可以从大门上看出来的。

比如，四合院大门可分为两种：一种是屋宇式，另一种是墙垣式。

屋宇式大门级别比墙垣式大门要高。根据门柱的位置不同，屋宇式大门又分广亮门、金柱门、蛮子门、如意门。

门扇位于门庑中柱之间的是广亮门，大门里外形成的门洞面积相等；位于金柱之间的是金柱门，大门外的门洞比门里的门洞小；门扇直接安装在檐柱之间的是蛮子门，门外没有门洞。这三种大门都为一开间，而如意门则不足一开间，位置与蛮子门相同。在这些大门中，级别最高的是广亮门。

居住在屋宇式大门中的主人要么在朝为官，要么为名流贵族，要么富贵多金。当官的人家为了体现自家门第的不同，还会在大门框上、顶瓦之下加上两件叫作"雀替"和"三幅云"的装饰物。这两样东西本只是普通的木结构部件之一，却标明了官民之别。大门门簪上的走马板，为挂匾提供了条件，匾上的字可以介绍宅主的身份、职业。

虽然墙垣式大门也做了简单的修饰，但它的级别是最低的，主人只是家境富庶的普通百姓。

封建社会等级森严，四合院大门可不只是出入处，还彰显着主人的身份、家境以及社会地位。"有身份"的四合院，大门可不轻易开，而是在旁边有一个小门。来办事的人从小门递上自己的名帖，下人穿过垂花门将名帖呈给在内宅的主人。普通客人就交由下人带路，从小门进，只有重要的客人到来，主人才会命下人开大门迎接。一些"有身份"的四合院门口还设有抱鼓石和上马石。普通的人家门口可不允许设这两样物件。

依据主人身份的不同，四合院的瓦和屋脊也有着严格的规定。在清朝时只有满族人可以用铜瓦，而汉人不管官多大也只能用阴阳瓦。根据规定，六品以下官吏及平民住宅的正堂只能用悬山顶或硬山顶。

北京四合院内宅居住的分配也同样严格。"北屋为尊，两厢次之"，家族中的家长和老一代的老爷、太太居住在内宅中的正房。东西两侧的卧室也分尊卑，东为尊，西为卑。

看了这么多关于房屋的介绍之后，大家对清朝的住房情况是不是也有了更深入的了解呢？

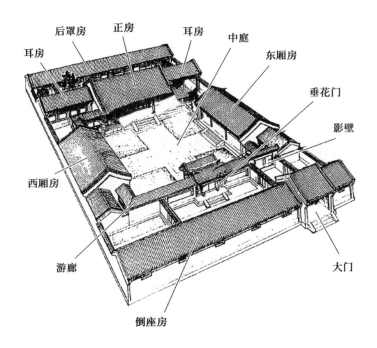

◆ 四合院结构图

◆◆ 四合院的广亮大门

小构园林寂不哗，疏篱曲径仿山家。昼长吟罢风流子，忽听楸枰响碧纱。

添竹石，伴烟霞。拟凭樽酒慰年华。休嗟髀里今生肉，努力春来自种花。

这首词是清代词人纳兰性德所写的《于中好·小构园林寂不哗》，表达了作者的隐逸情怀。他所向往的居住环境，有静寂的园林，疏篱曲径，还有竹石和烟霞的相伴。在这里吟诗对弈，品酒种花，好不安逸。

清朝时的北漂买房吗

清军入关后，强行收购京城内城汉人房屋，没收明朝官员的府邸，逼迫汉人迁往外城，并且圈占了西北郊区的田宅，然后对京城的旗人实行住房公有制，身份等级不同，享有的住房也不同。高档府第归清朝王公所有，八旗官佐兵民依等级无偿分得住房：一品到五品的标准分别是 20 间、15 间、12 间、10 间、7 间，六品、七品的标准是 4 间，八品的标准是 3 间，九品和无品级者皆为 2 间。朝廷握有这些公房的产权，严禁买卖、出租，也不允许旗人购置汉人住宅。

安定、德胜、东直、西直、朝阳、阜成、崇文、宣武八座城门内的 24 个驻防区，旗人及其家属按规定方位入住，左右翼八旗统领衙门按住房标准分配入住。哪怕是升职调房也不能迁出旗籍所在区域。

为了保证外地任职旗人退休回籍有房可住，保留其内城住房。

康熙年间，由工部、内务府出资，在城外按照八旗方位建造16000间房屋，以解决因旗人人口逐步增长出现的住房短缺问题。这16000间房屋，每旗分得2000间，由当时北京有名的四大厂家兴、隆、广、丰共同承建，房屋有序整齐。

圆明园护军营、健锐营、火器营，是西北郊的外三营，既是兵营，也是具备家属居住功能的住宅区，其住房各有特色。比如，火器营营房，前后有院，坐北朝南，青砖盖瓦，地砖铺屋内，将产自西山的虎皮石砌为院墙。

内务府、八旗统领衙门统一管理这些官房，负责分房。宗人府管理王公府第。王公府第并不都能永久居住，辅国公以上亲王、郡王、贝勒、贝子死后其后代要降爵迁府，只有世袭罔替的"铁帽子王"才能永久居住。如果封爵被夺，宗人府会收回府第，另行分配。旗人倘若失去旗籍，其所享有的公房就会被收回。即便如此，随着旗人人口的不断增长，住房仍日趋紧张。因此，从康熙中期开始，准许八旗中的汉军旗人到外城居住。这个规定一颁布，许多困苦的旗人开始出租、典当公房，甚至有的还卖房。买卖双方大多私下交易，不缴纳契税。

等到了乾隆年间，一些因分家等原因而无房者，可以优惠购买空置的公房，还能分期付款，购房款首付一半，八年还清即可。买房制度在嘉庆皇帝登基后固定下来，首付一半房款，然后可以根据房款金额分四到七年付清。

由于旗人的支出太过庞大，到了道光年间，财政状况已无法支撑对旗人的福利支出，朝廷不得不放弃"公房国有产权，旗人必须居住在内城，汉民必须居住在外城"的制度，再次"准许旗人自谋生计"。旗人与汉民买卖房屋得到了认可，但契税仍必须缴纳。

那么，一套北京内城的房子价值多少呢？

房屋的等级决定了房屋的价格。乾隆年间，一处七檩头等官房的价格是 33 两银子，而七檩二等官房的价格则是 28 两。每降低一等，价格就减少 5 两银子，七檩五等房的价格就是 13 两。若房屋的檩数少一点，价格也会随之降低，六檩头等官房的价格是 27 两，五檩头等官房的价格就是 20 两，四檩头等官房的价格则是 13 两。

当然，房子的价格并不是一成不变的。嘉庆七年（1802），朝廷重新制定官房价格，价格稍微调高了一些。从下面这个同治十年（1871）宛平县缪子集卖房红契中，我们能对当时京城的房价有所了解。

立卖房人缪子集，今因乏用，将祖遗自盖瓦房一所，门面房四间，二层房四间，对面厢房四间，小灰棚一间，西院小厢房一间，共计房棚十四间。后有落地一条，随房院落门窗户壁俱全，上下土木相连。此户坐落在中城中西坊二铺大马神庙西头路南总甲杨泰地方。

今凭知底中保人说合，情愿将此房出卖与刘某名下永远为业。三面言明实卖房价银六百两整，其银笔下交足不欠。自卖之后，如有远近亲族长幼人等以及指房借贷官银私债、重复典卖、分授不清等情，俱有卖主全知底中保人一面承管。恐后无凭，立此卖房契永远存照。

从契文可知，这所房子很不错，有门面房、二层房、东西厢房等共 14 间，整套房子卖了 600 两银子。在那个年代，普通人一年如果能有二三十两白银的收入就很不错了，由此可见，那时想在北京买房并非易事。

▶ 小知识

> 黄昏万语乞三钱，鸡毛房中买一眠。
>
> 牛宫豕栅略相似，禾秆黍秸谁与致。

这首诗是清朝文学家蒋士铨所作的《鸡毛房》。鸡毛房即鸡毛店，是旧时供穷人或乞丐避寒所住的客店。诗中所写之人乞讨了一天，直到傍晚才讨到三文钱，用这些钱可以在鸡毛房中住宿一晚。鸡毛房的房间就像牛棚猪圈一样，里面铺的都是鸡毛。

这首诗形象地描绘了清朝穷苦百姓的居住环境。没有钱的穷人买不起房子，每天在路上乞讨，到了晚上，只能到鸡毛房去住宿，生活苦不堪言。

由简入繁的清朝家具

我国的家具制造业在明清时达到了空前的繁荣,主要有两个原因:首先,当时商品经济在城市乡镇间发展起来,人们开始追求时尚,家具的需求量增长,家具制造业得到了刺激发展;其次,当时海运业也有所发展,大量硬质木材涌入市场,工匠们有了足够的材料发挥特长,因此竞相制造出了既坚固实用又美观的家具,远超前代。

清朝家具的发展主要分为三个阶段。

清朝建立至康熙初年是第一阶段。这段时期的家具仍然是对明式家具的延续,特点是:造型简练,注重线条;做工精细,结构严谨;繁简相宜,适度装饰;材料坚固,纹理优美。

康熙至嘉庆时期是第二阶段。在这段时间,清朝政治稳定,经济发达，科技也在进步，人民也有需求，这些因素便推动了家具业的兴旺发展。

在属于这个阶段的乾隆时期，家具的发展达到了高峰。这段时期的家具不但材质好，做工细，且装饰极精，彰显了国家兴盛与人民安康。与前代完全不同，乾隆时期的家具风格可以说是清代的主流，因此后世多称这一时期生产的家具为"清式家具"。

清式家具的风格，可以概括为以下两点。

一是造型庄重、浑厚。新品种、新结构、新装饰的家具从雍正年间开始就不断涌现，如炕格、炕书架、折叠书架等。这时的家具用料宽绰，尺寸加大，体态丰硕，庄重浑厚，其中的代表家具就是太师椅。清代太师椅坐面大，椅背饱满，椅腿敦实，整体造型沉稳庄重。

二是装饰华丽富贵，求多求满。清式家具的雕绘华丽绚烂，纹饰图案有动植物，有风景人物，极为丰富。这一时期寓意吉祥的图案盛行，这些图案更贴合普通百姓的生活。仿西洋纹样的风气在雍正以后开始盛行，而西式雕刻纹样多为形似牡丹的一种花纹，这种花纹出现年代相对较晚。

清式家具在装饰上多种材料并用，结合多种工艺，通常不留空白，整体装饰，富丽堂皇。我们在一件家具上能看到不同的材料以及多种工艺手法。例如，并用木、石、螺钿、藤、瓷、牙、玉等多种材料，在工艺手法上雕、嵌、描金兼有，彩绘加贴金、包铜或珐琅等。与明代相比，对材料的处理手法更复杂多样，也更成熟。紫檀嵌瓷扶手椅、嵌玉璧插屏、玻璃香几、掐丝珐琅宝座等家具都是清代所特有的。

道光以后到清末是第三阶段。这一时期的家具受外来文化的影响，过度装饰，追求曲线美，选材质量降低，做工有些粗糙，华而不实。

大家有机会到故宫博物院参观的时候，一定要仔细欣赏一下那些花样繁复的清代家具呀！

▶ **小知识**

> 花黎龙骨与香楠，良贾工操术四三。
> 争似海中求饮木，茶禅如向赵州参。

这首诗出自清朝程秉钊的《琼州杂事诗》，诗中提到了当时制造家具的名贵材料"花黎""龙骨""香楠"等，这里的"花黎"也就是我们常说的海南花梨木。由此可见，清朝时期，人们对红木家具已经非常推崇了。

◆ 清朝龙椅

原来清朝也有地暖

对古人来说，过冬可是桩难事。我国北方冬季寒冷，山海关以外更是如此。清朝时，一到秋末，北方的百姓就开始忙碌起来，不但要赶制过冬的棉衣，还要修葺房子，为过冬做准备。

当时，人们的生活中已经出现了不少"过冬神器"，火炕就是其中一种。至今北方的农村还有火炕。

火炕是用土坯或砖砌成的睡觉用的长方台，上面铺席，下面有孔道，跟烟囱相通，可以烧火取暖。火炕通常连接灶台，烧火做饭的时候，火炕便会热起来。

火炕建造简单，使用方便，因此在清朝，不管是普通百姓，还是达官贵人，甚至在皇宫中，火炕都是人们普遍使用的保暖御寒设施。

不一样的是，皇宫或贵族府第的添火口都会安置在屋外。

清朝的皇室与贵族还有一种独特的取暖方式——在房子下挖地下火道，等到了冬天，把烧好的炭放进去给上面取暖，与我们现在的地暖颇为相似。

地下火道的添火口通常是一个一人多深的坑洞，设在殿外的廊下，拿木盖覆盖上。宫里管这种挖有地下火道的房子叫作"暖阁"。坤宁宫的东暖阁就是这样设计的。

康熙年间来华的意大利传教士马国贤在体验了暖阁后，说："欧洲取暖主要是使用炉子。我们头很热时，双脚却还觉得冷，有时会觉得很不舒服。但在北京时，两只脚却一直暖和舒适。整个房间的温度都比较适宜均匀。"此外，他还觉得与中国的火炉相比，欧洲的炉子只能烧大量的木头，过于耗费材料，使用成本太高。

在清朝，火炕与暖阁堪称北方建筑室内装修的两大创举。至于根据火炕、暖阁的原理发明的火墙则在东北地区比较常用。据文献记载，黑龙江省双城县"公共处所及富室有于壁间砌'避烈搭'，即火炉之一种，以为冬季御寒用者"。

在清代，黑龙江省双城县是满族聚居区。嘉庆、道光年间，为解决旗人生计问题，朝廷曾先后三次将京城旗人迁移至黑龙江双城，也就是所谓的"京旗屯垦"。迁移至那里的满族人在冬天普遍使用"避烈搭"来取暖。

这样看来，清朝人在寒冷的北方虽然没有现在的暖气、空调，但是有了火炕、暖阁等，便不会挨冻，可以舒舒服服地过冬。

> 地炕规玲珑，火穴通深幽。
>
> 长舒两脚睡，暖律初回邹。
>
> 门前三尺雪，鼻息方齁齁。

这几句诗出自金代文人赵秉文的诗作《夜卧炕暖》，意思是煤在地炕中熊熊燃烧着，煤火的烟气通过火穴，使火炕非常温暖。人们躺在暖和的火炕上，伸直了双腿，舒坦地睡个美觉，暖和的感觉传遍了全身，给人一种难以言表的舒适。尽管外边下着鹅毛大雪，寒风凛冽，在屋内火炕上的人们却睡得无比香甜，甚至还打起了呼噜。

通过这几句诗，我们可以了解到古人对暖炕的钟爱。

第四章

年来肠断秣陵舟，

梦绕秦淮水上楼

清朝人出行有哪些交通工具

清初，轿子依然是有钱人家出行使用最广泛的工具。轿子，古称肩舆，清朝时期主要有达官贵人乘坐的官轿、民间百姓使用的平轿、婚娶用的花轿和用于租赁代步的客轿。

官轿是权力的象征。清代的官轿有着严格的形制等级规定，不同品阶的官员乘坐的轿子在式样、尺寸、用料、装饰、轿夫人数上都不一样，一般只有三品以上的官员才能使用八抬的轿子。

官轿多以青蓝布做轿帷，出行时前后有执事负责开路喝道，百姓见到须肃静回避。

平轿是民间百姓所使用的轿子，一共有两种。一种是用蓝布做轿帷且轿身较大的轿子，通常为富门商贾的私人轿。大户人家在出行时，会雇轿夫来抬轿。而另一种轿身比较小巧，以青布做轿帷的则是民间轿，这种轿子适用于普通人家外出拜客或游山玩水，可以在轿埠租用。

花轿是民间百姓结婚时新娘子乘坐的轿子，故也称为"喜轿"，一般是四人抬轿。为了彰显喜庆气氛，花轿披红挂绿，非常华丽：轿文华顶西洋盘，轿身绣有花卉鸟兽等图案，四周用红绸扎结，四角挂着玻璃连珠灯，下坠大红彩球。

客轿是当时较为普遍的代步工具。一般在有红白喜事、商业应酬、走亲访友或有急事时临时雇用。这类轿子结构简单，没有过多的装饰，就是三面有窗，一面开洞搭着轿帘。再简陋些的，则用竹篾做出轿身结构，只在两边留窗，抬轿的也只有两人。

除了轿子，马也是当时主要的交通工具，在南方还有滑竿等交通工具。

当然，随着清朝城市的繁荣和商业的发展，清朝在已有交通技术基础上还制造出多种多样的交通运输工具。

比如，在北京地区，想要出行可以选择的交通工具有马车、大鞍车、驴车、骡车、冰车、敞车、独轮车等，到了清末还出现了人力车，甚至是火车。

由于古装电视剧的影响，想来很多人不禁要问，马车在古代是不是很常见呢？

其实，马车在我国有三千多年的历史，但是清朝以前马车是权力和身份的象征，普通老百姓不敢擅自乘用。在此之前，各家的出行还是多乘坐驴车和骡车，只有太监才会乘坐马车。

清朝时还盛行一种带篷子有车轴，会用骡子或马拉的大鞍车。大鞍车因其套牲口的鞍子大于其他轿车而得名。大鞍车内部宽敞，行走较稳，乘坐起来更为舒适，但只有三品以上大员、王宫勋贵或是命妇才能乘坐。

相较于大鞍车的严格规定，还有一种人人可乘，可随意雇用的小鞍车，它也叫作"买卖车"。

冰车，则是冬天用于冰上运输的交通工具，也叫"冰床"。冰车结构简易，木质的长方形架子下方两侧各有一脚，外面包着铁条，前面有一人拉着行走，一般用于载物，也可以在木架上铺毛毡棉褥供人乘坐。

敞车，顾名思义就是没有帷子、棚子的车，它使用木质轮子，以骡子或马拉车，一般用于装货，也可以载人。根据驭骡马的数量，分为单套、双套或三套。清代京城内外均有经营敞车的车场，车主可以将车统一停放在车场。

在清代，独轮车也叫小车，轮子是木质的，用于运水、运货。独轮车通常是一人在后面推，如果货物太重，还可以由另一人在车前方用绳子拉。独轮车直到当代还被广泛使用着。

清朝末期在北京盛行的人力车是从日本传入的，又叫作"东洋车"或"洋车"。最早的人力车的轮子及辐条均为木制，轮子周围钉有一圈起加固、减震作用的胶皮。

这样看来，清朝人的出行工具种类还是挺多的，若要出行，还是有多种选择的。

钟声一及时，顷刻不少留。

虽有万钧柁，动如绕指柔。

这几句诗节选自清朝诗人黄遵宪创作的组诗《今别离》。"钟声一及时，顷刻不少留"形容火车比较准时，讲究时间；"虽有万钧柁，动如绕指柔"形容火车虽然大，但是操作却很灵活。

作者在写此诗时，正身处国外，他看到国外的火车、轮船、电报、照相机等新事物后，被科学技术的发展和新事物的出现所震撼，于是将这些新事物融入文学创作之中。

◆ 清院本《清明上河图》（局部）

清朝皇帝出行排场有多大

古代皇帝出行时，通常摆足了架势，豪华、气派，彰显皇家威仪。那么，清朝皇帝出行到底有哪些讲究呢？

皇帝们出门不比百姓，不论是在宫中还是宫外，首先脚是不能沾地的，所以肯定是不能走着了，而是坐着，而且还得坐出阵势，要有众多卫士和下人簇拥着。清代绘画《康熙万寿图》中，我们可以看到康熙皇帝坐在二十八人抬的龙辇上，如腾云驾雾般悠然惬意。

清代时不再用女人抬辇，而是换成了力气更大的男人，在皇宫中自然就是太监了。

皇帝的龙辇，不仅抬辇人数要够多，龙辇装饰要够精美繁复，乘坐的舒适度也要够好。皇帝平时日理万机，不但凌晨就要起床上朝，白天还要批阅奏折，能够休息的时间十分有限，乘坐龙辇出行时还能小憩一会儿。

◆ 《康熙万寿图》（局部）

龙辇不仅名贵而且种类繁多，要根据出席的场合、途经的路来选择，甚至在不同的天气和季节所选择的龙辇也完全不同。在紫禁城内移动，皇帝会乘轻便的步舆；去郊区巡游，会选择乘玉辇；去祭祀和太庙祭拜，则要坐金辇。

在各色龙辇中，最豪华的当数玉辇。它足有一丈一尺一寸高（约三米半高，清朝一尺为三十二厘米），光是辇盖就有两尺（约六十四厘米）高，整个辇的装饰色调以青色为主，需要三十六人才能抬起。比玉辇稍微低调一些的是金辇，每年祭拜祖先时乘坐。金辇整体比玉辇略小一些，顶盖高一尺九（约六十厘米），装饰色调以金色为主，需要二十八人抬起。

皇帝的出行工具中最朴素的应该算步舆，它没有帷子，只有一把金漆镂雕的木椅，是皇帝在紫禁城内出行所用，需要十六人抬行。

皇帝出行不仅要坐如此奢华的交通工具，还要实行交通管制。清朝皇帝出行时的交通管制十分严格，皇帝必经之路两旁必然有戒备森严的地方官兵守卫。同时，数百名大内侍卫围绕在轿子的周围高度警惕，他们有的骑马护驾，有的跟着轿夫，有的则在四周巡视，不放过任何风吹草动，直到轿子安全抵达目的地。

皇帝出行过程中，除了大内侍卫高度紧张，接驾的地方官员也不能闲着，他们会紧张地指挥着道路两旁的士兵们进行警戒，生怕突然闯入什么可疑人员。

皇帝出行走的路线也要选择宽广的驿道或者宽阔的河流，绝不会走羊肠小道或小河小溪。这不仅是为了保证皇帝安全，也为了便于解决出行队伍的饮食住宿。

热衷出行的乾隆皇帝曾六下江南，每次南巡都要花四五个月的时间，随驾当差的官兵就有三千人左右，还有马六千余匹，船只四五百艘，除此之外还有几千名役夫，花费更是每次都达百万银两。

乾隆皇帝晚年也终于意识到自己每次南巡都会给政府带来很大的

压力，劳民伤财。据《清史稿·吴熊光传》中记载，乾隆说："朕临御六十年，并无失德，惟六次南巡，劳民伤财，作无益，害有益。"

总之，皇帝出行的排场大，耗费钱财也多，这种奢靡之风是不可取的。

▶ 小知识

云移雉尾开宫扇，日绕龙鳞识圣颜。

这两句诗出自唐朝杜甫的《秋兴八首》。诗句中所写的是当宫扇像云彩一样分开之后，诗人在威严的朝见仪式中，亲眼看到了皇帝的容颜。

从这两句诗中，我们可以知道，唐朝的皇帝在每日早朝入座前，面前会有羽扇遮挡，下面的众人是看不见的。直到皇帝坐定之后，羽扇移开，大臣们才可以看到皇帝。

虽然唐朝皇帝和清朝皇帝的习惯有许多不同，但不难想象，清朝帝王的排场肯定也是很大的。

民间运输工具的主力军——鸡公车

鸡公车是一种历史非常悠久的独轮车，据说在三国时期就出现了。民间传说，鸡公车就是三国时诸葛亮发明的"木牛流马"。但是在史料中对于木牛流马的记录很少，无法考证，因此没有人知道它的结构与鸡公车有哪些相似之处。

使用鸡公车运输物品比较轻松，它能载重二三百公斤以上的货物，比起人用肩挑背驮的搬运方法省力许多。

在古时候，鸡公车多由楸、橡、椴、楮、樟等质地坚硬又有韧性的木头制成。它前窄后宽，车轮安装在前半部分，助力的扶手长约二尺（六十余厘米）。

远远望去，鸡公车上耸起的车架就像公鸡的鸡冠，后面的两只扶手像雄鸡的尾羽，车子整体看起来像一只昂首挺立的大公鸡，所以得名鸡公车。

鸡公车具有较强的适应性，无论是在开阔平坦的马路，还是在崎岖的山间小路，它都适用。这种造型独特的独轮车，操纵简单，行驶灵活，成了山区人民生产生活中重要的运输工具。

运输货物时，操纵鸡公车的人需要把一根绳子系在两边的车把上，然后将绳子套在肩头，再用双手推动小车。

清末，社会动荡不安，很多穷人家不但使用鸡公车运输货物，还把它当作载人的交通工具。很多腿脚不便的老人或者不会走路的孩童，都会坐鸡公车由人推着出行，虽然远不如坐轿、骑马舒适，但胜在没有什么花费。

鸡公车在清朝也算是普遍的运输工具，据说那时候大小驿路上，很多鸡公车往来行驶，络绎不绝。

四川成都有一座建成于同治七年（1868）的三孔拱桥，这座桥名为平康桥。它最特别的地方就是桥面上有一条鸡公车通道。通道宽三十厘米，由条石铺就。条石路的中间开凿的一条约十厘米深的凹槽，就是专为鸡公车的车轮设计的。人们推行鸡公车过桥时，就走这条凹槽，这样既保护桥面，又能使通行顺利。

由此也可以看出，当时鸡公车使用方便，很受百姓喜欢，可以说是很大众化的交通工具了。

> 繁红嫩翠。艳阳景，妆点神州明媚。是处楼台，朱门院落，弦管新声腾沸。恣游人、无限驰骤，娇马车如水。竞寻芳选胜，归来向晚，起通衢近远，香尘细细。

这是北宋著名词人柳永所作《长寿乐·般涉调》一词的上阕，其中就有描写当时北宋都城街道交通情景的词句。"恣游人、无限驰骤，娇马车如水"意思是道路上游人、车马众多，来往不绝，流动如水。

江南水乡的船

在陆路交通中，清朝人出行所选择的交通方式主要是坐轿子、骑马，或者乘坐各种样式的车。但是，在江南水乡，水路密集，以上交通工具都不太适合，因此船成为人们主要的交通运输工具。

在浙江绍兴地区有一种特别的船，其用途类似于现在的公共汽车，它有固定停靠的埠头，并且还按时按点发船。如果是从某个村庄"始发"，那这个村庄的埠头就叫"本埠"，沿途路过的村庄就叫"客埠"。这种船一次能乘坐三十多人，被称作埠船。

说到江南，不得不提起杭州西湖的美景。清朝时期，西湖上除了有各种画舫，还有"竹舟"和"方舟"。

竹舟，顾名思义，就是一种用竹子做成的船。它的船底是用较粗的竹子做成的筏，筏上架有篷屋，屋内铺着木质地板，筏的四周还挂着青幔帐的朱栏。游人可以在篷屋中设席宴饮，可以随时掀开四周的青幔帐，欣赏西湖的美景。

方舟则是由几节方形船组合而成的船，一般有前后三节方形船，两侧各一小舟。使用时先由人将小舟和方形船背到湖中，再使用麻绳连接而成。如果客人较多还可以增加方形船数量。乘客坐在中间的船上，两侧小舟分别放有酒水茶饮和笔墨纸砚。

到了清朝末年，西湖上华丽的大型画舫不再流行，取而代之的是"划子"和"篷船"。划子是一种小型船，可随时租用且价格便宜，每船可乘坐七八个人。篷船则更美观一些，租价也更高。这种船设有可遮风避雨的船篷；船舱有门窗；大船旁边还附有小船，用来给客人烹调食物。

▶ **小知识**

喇叭，唢呐，曲儿小腔儿大。

官船来往乱如麻，全仗你抬声价。

军听了军愁，民听了民怕。

那里去辨甚么真共假？

眼见的吹翻了这家，吹伤了那家，只吹的水尽鹅飞罢！

这是明朝散曲作家王磐的作品《朝天子·咏喇叭》。通过"官船来往乱如麻"这句我们可以清楚地了解到，在明朝时的江南水乡，船是一种很重要的交通工具。清朝的官员按出行需要也会乘坐官船。而在河道上，官船几乎是通行无阻的。

◆ 清·沈源《清明上河图》（局部）

晚清的自行车

　　中国曾被称为"自行车王国"，那么，中国历史上第一辆自行车是什么时候出现的呢？

　　自行车在晚清时期自欧洲传入中国，至今不过150多年。而第一个使用"自行车"称呼的，是一个叫张德彝的人。

　　张德彝在同治七年（1868）被朝廷委派随外交使团出访欧美，担任翻译。他在回国后撰写的《欧美环游记》中描述了自己第一次在英国伦敦的街头看到自行车的场景。次年，张德彝又去了法国，那时的巴黎街道上已经有很多自行车，并且形成了自行车租赁行业，还出现了专门学习自行车的场所，他用文字记述下了此番场景："见游人有骑两轮自行车者，西名'威娄希北达'（Velocipede），造以钢铁，前轮大，后轮小，上横一梁。大轮上放横舵，轴藏关键，人坐梁上，两手扶舵，足踏轴端，机动驰行，疾于奔马。梁尾有放小箱以盛行李者也。出租此车，每一点钟用法'方'（每方计银二分）又名'福郎'（法郎）者若干，另有铁房为演习乘车之所。"这段话同样出自《欧美环游记》，是中国人关于"自行车"一词最早的文字记载。

据史料记载，在同治七年（1868）十一月，上海街头就已出现自行车，是由欧洲运来的。那时的自行车还不是现在用双脚骑行的样子，它只是能让人坐在车上，靠双脚点地带动车子前进。至于北京何时出现自行车，有一种说法是，北京西交民巷的租界是北京城最早出现自行车的地方。还有一种说法是，北京的第一辆自行车是 19 世纪 70 年代由外国人进献给光绪皇帝的。

最初在中国街头出现的自行车还未采用链条带动双轮，而是将脚蹬直接接在前轮轮轴上，双脚带动前轮，前轮再带动后轮前进。自行车扶手也只是安装在前轮上的一根横木，不好骑还很费力。那时的自行车只是被人们当成一种既新鲜又刺激的玩意儿。

据说，光绪皇帝对这个新奇玩意儿很感兴趣，在洋人的指导下体验了几回，觉得新鲜又有趣。但慈禧太后对此不满，称"一朝之主当稳定，岂能以'转轮'为乐，成何体统"，一句话便打消了光绪皇帝的兴致。

要说在紫禁城里骑自行车的第一人，肯定是末代皇帝溥仪了。

据说，1922 年，溥仪 16 岁时拥有了自己的第一辆自行车，那是他的堂弟溥佳送给他的新婚礼物。虽然事后溥佳被溥仪的老师陈宝琛训斥了一顿，说他"不应该将这种危险之物进呈给皇上，摔坏了皇上，如何了得"。但年少的溥仪却倍感兴奋，在太监的保护下，没用几天就学会了骑自行车。

为了方便他在宫中自由地骑车取乐，溥仪甚至命人锯掉了宫门下的门槛。溥仪在自传《我的前半生》中回忆道："为了骑自行车方便，我们祖先在几百年间没有感到不便的宫门门槛，叫人统统锯掉。"

清宫档案中有记载，溥仪将乾隆皇帝吟诗赏景的绛雪轩改成了自己"御用"的自行车库，里面停放着二十多辆用来骑行取乐的自行车。

可以说，在清朝，自行车算是奢侈品了，普通百姓是没机会骑的。

▶ **小知识**

> （黄履庄）所制双轮小车一辆，长三尺余，约可坐一人，不烦推挽，能自行行住，以手挽轴旁曲拐，则复行如初。随住随挽，日足行八十里。

这段话出自一部辑录清代遗闻轶事的著作《清朝野史大观》，里面所记载的正是由清初制器工艺家、物理学家黄履庄在康熙年间所发明的自行车。之后又过了大约一个世纪，法国人西夫拉克才在1790年制成了木制自行车。

四百里加急——高度发达的清朝驿站

在清朝，军事情报和地方重要公文要传递给皇帝，都要靠快马传书。现在的影视剧中经常出现"四百里加急""六百里加急"等场景，那么最快最急的传递方式是什么呢？

这得从驿站说起。

驿站，是古代用来传递政府文书，为传递官员途中更换马匹并提供休息、住宿的地方。驿站制度早在秦汉时期便已经建立，历朝历代一直在沿袭，发展到明清时期进入鼎盛阶段。

清朝时，随着国家疆域的不断扩展，驿站事业也得到了较快发展。清朝驿站制度经历了重要改革，其最大特点是对"邮"和"驿"进行了合并。

在此之前，"邮"和"驿"是两种不同的工作，分属不同的机构。"邮"也称为"递"，是通信机构的工作，专门负责传递公文；而"驿"则类似于现在的政府招待所，负责提供住宿，提供交通工具和通信工具，比如马匹。

到了清朝，两个部门合并后有效地简化了通信系统，驿站全面负责与通信相关的事务，大大提高了通信效率。

为此清政府沿袭明朝的做法，在兵部专门设立了机构——车驾清吏司来管理合并后的驿站，设有郎中三人、员外郎四人、主事二人，主管全国的驿站。

清政府在紫禁城的东华门附近设立总部，叫作"皇华驿"，下设马馆，专管驿夫驿马；下设捷报处，收发往来公文和军事情报。整个机构由满汉两大臣共同管理。

根据史料记载，清朝时期对驿站制度的改革，建立了高效的通信系统，当时的通信时限创造了历史最高值。

据说，清朝的马传公文，一昼夜能跑300—400公里。根据这个速度，在康熙平定三藩之乱时，从西南将重要军事情报送到京城，2500公里的路程，使用快马通信不到九天就可以到达。要知道在清朝以前，通信速度只能达到一昼夜200—250公里。

清朝改革驿站制度，还在一些偏远县区增设了"县递"，虽然"县递"不属于正规的驿站体系，但也备有少量的通信马匹，起到了驿站的作用，使得驿站分布比明朝更加广泛。

这种在各地间的邮递传信，填补了过去干线驿站的空白，清朝全国邮驿事业比前朝更加发达。仅以山东省为例，到了清光绪时，就有包括县递在内的大小驿站近 140 处。

现在我们在影视剧中常见的"四百里加急""六百里加急"的场景源于雍正皇帝的改革。雍正时期朝廷设立了军机处，传递重要文书的任务也由驿站完成。但是因为清代实行的密折制度，一些重要信息对传递的速度有着很高的要求，重要文书上面会标有"马上飞递"的字样，并以"四百里加急""六百里加急"规定了传递速度。

清朝驿站路线的设置在历朝历代也是最为完善的。驿站的总部皇华驿是全国驿路的总枢纽，设驿马 500 匹、马夫 250 人、车 150 辆。驿站的网络以皇华驿为中心向全国辐射。

清代疆域广袤，在边疆地区也都设立了驿站。全国的驿站施行中央和地方两级管理。中央隶属兵部管辖，具体事务由车驾清吏司负责；地方隶属各省按察使，具体事务则由各地府、州、县负责。

但是在东北、新疆和西藏等地区，驿站则由驻防的八旗将军、大臣管辖，蒙古地区则隶属理藩院旗籍清吏司管辖。

到了清朝末期，曾经的驿站系统渐渐被轮船、铁路、电讯等新的信息传输工具所取代。

光绪二十二年（1896），清朝开始启动邮政事业。光绪三十二年（1906）朝廷设立了邮传部，专管轮船、铁路、邮政事业。就这样，延续了上千年的驿站制度走到了历史的尽头。

　　天上星，白皑皑。地上星，黑累累。星星峡中十五夜，天星地星光激射。一屋皆支一星罅，须臾天晦地忽明。地星却比天星青，北斗黯黯鸡初鸣。声三号，眠户眨。炎炎火，星星峡。

　　这段话出自清朝文学家洪亮吉的诗作《十三夜三鼓抵星星峡》，文中的"星星峡"是一个驿站，指的是现在新疆维吾尔自治区哈密市东南的星星峡镇。

◆ 1906 年北京崇文门外街景

第五章

人生若只如初见，
何事秋风悲画扇

别抱怨，清朝也催婚

现在的大多数年轻人或许都遭遇过父母催婚。尤其到了春节期间，大家好不容易回到了阔别已久的父母身边，还没有来得及享受全家团圆的喜悦，父母第一句话可能就是问"有没有男（女）朋友了"。家里的其他亲朋好友一见面，可能也是问这样的一句话，这时候，你们是不是很想马上逃离？

整个春节期间，大家可能都有被催婚的苦恼，甚至想回到古代，离开这个世俗的现代社会。但事实上，古人的催婚比现在可是有过之而无不及的。

古代中国是一个以农耕为主要生产方式的社会，为了保障有足够的人口去耕地、织布，从事各种生产，或者是参加战争，政府会鼓励民众尽早生育、多生育，从而提高人口数量。

而生孩子就需要结婚，所以古代催婚的程度会非常严重，你结不结婚，已经不是自己家的事了，而是关系整个国家的命运。冷兵器时代的人口数量就代表了国家实力，再大的国家如果没有足够的人口，那也不过是一个空壳。

据说在清朝时期，若某个男子一直没有结婚，朝廷就会派"官媒"来帮他解决婚姻大事。

官媒和民间的媒人不一样，这些人是由政府组织的，她们的职责就是专门帮忙撮合"大龄"单身男女，为他们牵线搭桥。和一般媒人不同的是，官媒是免费的，但是由官媒说的亲具有一定的强制性。

清朝人的家族观念比以前的朝代更强，他们认为不结婚不生娃是一种不孝的行为，会受到人们的耻笑。

著名清史专家郭松义所著的《伦理与生活——清代的婚姻关系》一书记载了这样一个故事。

道光年间，江苏泰州有一户姓王的大户人家，这家人的一个远房亲戚曾经有不少资产，并且在生意上帮助过王氏家族。

世事难料，亲戚的夫人害了一场重病，王老爷为帮忙花光了所有积蓄。近两年家里的田地又因严重的自然灾害而颗粒无收。这时候王老爷的儿子已经二十五岁，却还没有结婚成家。

按规定，男子虚岁二十五还不结婚即为"婚娶愆期"，若是王老爷儿子再不娶妻，他家在乡里将会丢尽颜面。

王老爷为此万分焦虑，很是担忧，他托媒婆介绍了一位姑娘，双方生辰八字极为匹配，都已经订好了亲，但王家实在出不起彩礼钱。

王老爷正在发愁时，突然传来喜讯，说是朝廷出台了一个新制度，若家中有男子到了年龄还没结婚，家族成员必须设法"助婚"，由家族长辈动用族产作为"助婚费"，帮助困难家庭的男子结婚。

王氏家族派人确认情况后给了王老爷"助婚费拾千文"，这笔钱犹如雪中送炭，帮助王老爷解了燃眉之急。

结婚缺钱还能拿"助婚费"，这听上去很是新鲜，但的确有它的道理。古人非常看重传宗接代，毕竟这和家族的兴旺及延续密切相关，涉及家族的整体利益，因此家族长辈有帮助家族中的大龄未婚男子解决婚姻大事的责任和义务。

▶ **小知识**

> 都道是金玉良姻，俺只念木石前盟。
>
> 空对着，山中高士晶莹雪；
>
> 终不忘，世外仙姝寂寞林。
>
> 叹人间，美中不足今方信：
>
> 纵然是齐眉举案，到底意难平。

这是曹雪芹在《红楼梦》第五回中所作的曲子《终身误》。"金玉"

指的是贾宝玉和薛宝钗，"木石"指的是贾宝玉和林黛玉。根据高鹗所续《红楼梦》后四十回，贾宝玉和薛宝钗在完婚后，贾宝玉仍然无法忘记已经过世的林黛玉，而薛宝钗徒有"金玉良姻"的虚名，实际上却终身寂寞。

在封建礼教思想的控制下，青年男女想要违背父母之命、媒妁之言，和志趣相投的人自由恋爱，是非常困难的。

◆ 清·改琦《红楼梦图咏》中的黛玉

三书六礼

　　清军入关之后，新的统治阶级虽然带来了有满族特色的婚俗和婚制，但是，清朝后来主要还是继承了明朝时期的婚姻制度，延续了"三书六礼"的婚姻习俗。

　　"三书"是在进行"六礼"时所需的三种文书，分别为聘书、礼书以及迎书。

　　聘书是指订婚之时所用的文书。礼书是过大礼时所需要的文书，礼书中要一一列出过大礼的物品以及数量。迎书是男方迎接新娘过门时交给女方的文书。

　　"六礼"即结婚过程中的六个礼法，分别是纳彩、问名、纳吉、纳征、请期和亲迎。

纳彩是六礼中的第一礼。男方的长辈出面请媒人到物色好的女子家里提亲，如果女方有意，男方就请媒人正式向女方求亲，同时带上礼物。

清政府规定，公、侯、伯成婚的纳彩礼为：五身缎衣，三床缎衾褥，一套金约领约，五支金簪，全副金耳饰。

一品官纳彩礼为：四身缎衣，其他同公、侯、伯一样。

二品、三品官纳彩礼为：三身缎衣，两床缎衾褥，其他与一品官一样。

四品官至九品官的纳彩礼为：两身缎衣，一床缎衾褥，一套金约领约，全副金耳饰。

六礼的第二礼是问名，即行纳彩礼后，男方托媒人问女方姓名及生辰八字，以方便问卜。

六礼中的第三礼为纳吉，一般是男方在祖先神案前占卜男女双方的生辰八字，看他们适不适合婚配。如果占卜结果不合适的话，必须及时采取措施，要么不结婚，要么要采取一些办法去化解这种不合。如果占卜结果合适，就根据八字选定婚礼吉日。

六礼中的第四礼为纳征，即男方在迎亲之前向女方送聘礼，至于聘礼的多少，取决于女方的贫富与身份高低。

男方一般会选派二至四位女性去给女方送聘礼，同时送聘书和礼书。这几位女性必须是上有父母，下有儿女，夫妻恩爱，兄弟姐妹和睦的"全福之人"。收到聘书和礼书后，女方家族必须进行回礼。

六礼中的第五礼为请期，即男方选定迎娶的良辰吉日，然后告知女方娶亲时间，征求对方同意。

六礼中的第六礼为亲迎，即男方正式到女方家中迎亲。在成亲当天，迎亲可是最为重要的环节之一。清朝的迎亲极为热闹，够人们忙活的。

婚礼的日子还没到，新人双方家中就提前好几天开始杀猪宰羊，同时物色和聘请厨师。

接下聘请以后，厨师、伴娘等人员在婚礼前一天就必须来到主家家中准备自己的工作。每一项工作对于结婚双方家庭来说都是极为重要的，因此每个人都尽职尽责。

按传统习俗，女方还需准备成亲当天早上要用的出嫁酒，男方则负责准备结婚酒。

出嫁酒不同于结婚酒，而是结婚前的宴客酒。出嫁酒是娘家为自己即将出嫁的女儿举办的酒宴，邀请亲朋好友一起来见证自己女儿的大喜之日。

准备好结婚酒以后，男方家里就要开始放爆竹、奏乐，同时抬着花轿启程去接新娘子。媒人走在迎亲队伍的最前面，新郎和伴娘跟在媒人后面，再后面是花轿和乐队。

女方家必须提前将出嫁酒喜宴准备妥当。新娘子的母亲或是姐姐帮她早早地梳头、开面、化妆。梳妆打扮好之后，要给新娘子盖上盖头，等待迎亲队伍的到来。

迎亲队伍到了，乐队就奏起音乐。新郎走入屋里，先是叩拜女方双亲，呈上由父亲写好的或找人代写的迎亲简帖，此时就可以开始宴席了。

宴席过后，新郎就要接新娘子回家了。新郎得亲手扶着新娘走上花轿，而新娘在上花轿之前还需要哭上一哭。这里的"哭"可是个重要的仪式，用于表现新娘对父母的不舍和对父母养育之恩的感激。

再然后众人护送花轿到新郎家，伴娘搀扶新娘一步一蹼地走出花轿。到此，迎亲才算完成，六礼才算结束。

到这里，大家是不是已经很清楚清朝人结婚的流程了？在重视封建礼仪的清朝，结个婚还真是一件不容易的事啊！

▶ 小知识

> 氓之蚩蚩，抱布贸丝。匪来贸丝，来即我谋。送子涉淇，至于顿丘。匪我愆期，子无良媒。将子无怒，秋以为期。
>
> 乘彼垝垣，以望复关。不见复关，泣涕涟涟。既见复关，载笑载言。尔卜尔筮，体无咎言。以尔车来，以我贿迁。

这段话出自《诗经·卫风·氓》前两章，诗中以一个妙龄待嫁女子的口吻，描述了一个男子抱着聘礼（布匹）来找她谈婚事，但是女子因为对方没有好媒人，而不得已将婚期延后的故事。

对于此事，女子也是无可奈何的，她的心情也很失落。直到男方做了占卜，确定没有不吉祥的预兆后，驾车来接她，她才带着财物嫁妆嫁了过去。

这两段诗歌形象地描绘了我国古代的婚嫁习俗，要有媒人来提亲，男方要有聘礼，并且去亲迎，而女方也要带着嫁妆出嫁。

◆ 清光绪《载湉大婚典礼全图册》第二册《纳彩礼筵宴图》（局部）

为何会将开裆裤作为嫁妆

　　中国古代的封建婚姻制度一直是封建社会的主要道德依据和礼教标杆。儒家经典《孟子》中有句话叫"不待父母之命，媒妁之言，钻穴隙相窥，逾墙相从，则父母国人皆贱之"。而"父母之命，媒妁之言"也成为封建社会中婚娶嫁配的基本准则。

　　清朝是中国历史上最后一个封建王朝，其婚嫁制度也毫不例外地遵循着"父母之命，媒妁之言"的基本准则。

　　也就是说，儿女婚姻必须由父母做主，并经媒人介绍才可以。所以在清朝的婚姻制度中，夫妻双方在结婚前从未谋面，有的即使见过面，也只是有过一面或者数面的缘分。

133

古代女子在出嫁之前，一直受封建思想的熏陶。比如，要求女子"非礼勿视、非礼勿听、非礼勿言"，除了父亲和兄弟，其余男人一概避而远之。女子具有这样保守的思想，那么，她的羞怯程度可想而知。

在成亲之后，这样一对小夫妻，刚一认识就要共同解决人生的"大事"，就要打破从小一直受到的伦理道德束缚，两人都表现得非常羞涩，甚至很可能会难为情到"数夜不能成事"的尴尬地步。

但是，在封建社会中，女性最重要的任务就是传宗接代，如果不能顺利完成夫妻之事，又何谈完成任务呢？古人为了解决这种"不便"，就想出了"开裆裤"这个令人尴尬的"工具"。

在新娘出嫁当天，母亲会为她准备一条开裆裤作为嫁妆。新婚当晚，新娘穿上它，不仅便于完成夫妻之事，还避免了在脱衣时的忸怩和羞耻，既保证了对封建礼教的尊重，又能顺利完成传宗接代的任务。

通过一条开裆裤，隐秘地传递夫妻间的常识，这也算是当时社会的无奈之举吧。

▶ 小知识

最爱朱丝声淡，花前漫抚瑶琴。世上几人能好古，高山流水空寻。目送飞鸿天外，白云远树愔愔。

弹到孤鸾别鹤，凄凄还自沾襟。指下宫商多激烈，平生一片冰心。若话无弦妙处，何须更问知音。

这首词是清朝女词人吴绡的作品《河满子·自题弹琴小像》。吴绡的词多写闺思春情，但这首词是一篇风骨超逸、直书心事的作品。

◆ 清晚期的新娘礼服：红蟒衣与凤尾裙

清朝也有结婚证吗

古代结婚有没有结婚证呢？《周礼》中曾经提及，周朝就设有一个被称作"媒氏"的职务，专门负责管理婚姻事务，为结婚的男女双方书写并颁发婚书，也就是我们今天的结婚证书。

古代婚书有官方婚书和民间婚书两种类型。

男女双方缔结婚姻时未去政府部门进行婚姻登记，只是通过媒人私底下签署的婚约是民间婚书，也称私约。

每个朝代的法律一般都会明确规定，男女双方缔结婚姻必须前往政府部门进行登记，并领取婚书，否则法律将不予保护。但从对待私约的态度来说，各朝政府也大不相同。有些朝代的政府明确禁止私约，完全不承认它，而有些朝代的政府则将私约也视为有效婚书。实际上，无论历代政府态度如何，私约在民间一直盛行不衰，从未停歇。

我国古代婚书的书写格式在宋代定下基调，直到清朝，还一直沿用着先草帖后定帖的婚书程序。

清朝的婚书一般采用折叠式，由大红纸制成。婚书封面绘着龙凤、鸳鸯、花卉、鸟兽等不同图案，一般还会有"天作地合，文定厥祥""鸾凤和鸣，珠联璧合"等喜庆吉祥的祝语。婚书内用毛笔楷书整齐地写着新郎新娘的姓名、性别、年龄、出生日期、籍贯、结婚或者订婚日期，介绍人、证婚人、主婚人姓名等。婚书一式两份，作为婚姻凭据。

和婚书一起流传下来的还有用来包礼金的红纸封（也就是红包），全部在大红纸上书写，有些封面上还有"当朝一品""蟾宫折桂""广寒宫殿"等吉祥语，贺词中也大多是"百年伉俪，永偕琴瑟""永结秦晋之好，共偕琴瑟之欢"等吉利话。

现代的婚书，即结婚证，是由民政部门颁发的，上面有照片、身份证号等。而清朝的婚书则大不一样，清朝婚书中有"冰人"一项，即媒人。父母之命，媒妁之言，清朝结婚双方要靠父母做主，媒人来当中间人，才可以结成夫妻。

在婚书中除了一大段开场白，还记录着一对新人在哪一天的哪一个时刻结婚，新房要选择哪一个朝向，选择什么时刻安放新床等事项。婚书的结尾还有期盼富贵的吉祥语，带有浓浓的人情味。

由此可见，婚书随着时间的演变，到了清朝，它的形式和功能已经逐渐接近现代的结婚证了。

▶ 小知识

辛苦最怜天上月，一昔如环，昔昔都成玦。若似月轮终皎洁，不辞冰雪为卿热。

无那尘缘容易绝，燕子依然，软踏帘钩说。唱罢秋坟愁未歇，春丛认取双栖蝶。

这首词是清朝词人纳兰性德所作的《蝶恋花·辛苦最怜天上月》，整首词表达了纳兰性德对妻子的深深爱意以及思念。

此时纳兰性德的妻子已经过世，他心情惆怅，即便高歌一曲，愁绪还是没有丝毫减少。他多么希望能和妻子在一起，像春天双双飞舞的蝴蝶一样，然而妻子却再也不能陪伴在自己身边。

清朝的份子，一发不可收拾

如今，大家参加婚宴的时候，一般都会准备一个大红包，用来祝贺新人，也就是所谓的随份子或随礼。这种习俗是从哪个朝代开始的，又有怎样的来历呢？

虽然早在古代，就已经有参加婚礼时随份子的习俗了，但是这种做法至少在先秦时期还没有那么流行。

《礼记·郊特牲》记载："昏礼不贺，人之序也。"序，指的是代谢。古人的寿命短，儿女成亲时父母一般都已经垂垂老矣。因此，那时候大家结婚不怎么大张旗鼓地操办，反而显得颇有几分哀伤。

根据《礼记·曾子问第七》中的记载，孔子曾说："嫁女之家，三夜不息烛，思相离也。取妇之家，三日不举乐，思嗣亲也。"

成亲时都不让人奏乐,更不可能送红包随礼了,毕竟先秦时举办婚礼并不流行庆贺。

而到了西汉,这种风俗逐渐被打破。五凤二年(公元前56)秋八月,汉宣帝刘询突发奇想,发布诏书:"禁民嫁娶不得具酒食相贺召。由是废乡党之礼,令民亡所乐,非所以导民也。"汉宣帝不喜当时民间嫁娶不允许摆酒席的规矩,觉得这样不好,让百姓都失去生活乐趣了,必须整改。

皇帝一开口,婚礼仪式就进入了新纪元,此后上自达官显贵,下至平民布衣,都可以在婚嫁时大肆地摆宴席庆贺了。

即便如此,那时去喝喜酒的客人也大都不会直接出份子,而是较为含蓄地送一些礼物。有钱的客人可以送古玩、首饰,条件普通的可以选择送喜饼、喜烛、对联、鸡鸭等。

总而言之,大家量力而行,表示一下心意就行。和赤裸裸的送钱相比,礼物到底更有诚意些,礼单上记载的字数也能多上几笔,不会只有一个简单的金额。

要说真正开始出份子,大抵是从明朝开始的。那时朱元璋颁布《教民榜文》,指出:"乡里人民,贫富不等。婚姻死丧吉凶等事,谁家无之?今后本里人户,凡遇此等,互相周给。且如某家子弟婚姻,某家贫窘,一时难办,一里人户,每户或出钞一贯,人户一百,便是百贯,每户五贯,便是五百贯。如此资助,岂不成就。日后某家婚姻亦依此法,轮流周给。"这算是官方首次认可了份子的重要性。

按照榜文的意思，倘若谁家成亲没有钱，可以由乡里每户出一点，凑够钱好办婚事。而且朱元璋还下令要让此事形成规章制度，要求乡亲们互相帮助。

从此，民间便流行在熟人成亲时随份子的婚嫁礼俗。也正因如此，还有人称朱元璋为随份子的鼻祖，倒也算是有根有据。

其实朱元璋刚开始应该也是出于好意，希望大家共同帮助一些贫困户，有点大家集资办事的意思，就像现在的"众筹"一样，而这也是份子最初的功用。

到了清朝，随份子流行开来，日益成为一种重要的社交礼仪。客人所随份子的多少，不仅彰显关系的亲疏，更代表了财力和地位的高低。

清朝中后期，腐败现象极为严重，不少官员不仅利用权力谋财，还通过婚丧嫁娶、添加人丁、取得功名等由头肆意收敛份子钱。

许多八旗子弟因为好面子，为凑足份子钱而绞尽脑汁。

在清朝，这一发不可收拾的份子钱给人们带来了巨大的经济负担，也滋生了官场的各种腐败。可以说，那个时候的礼尚往来，完全是由金钱来铺路的，穷人要想办点事是非常困难的。

▶ **小知识**

月白风清夜半时，扁舟相送故迟迟。

感君情重还君赠，不畏人知畏己知。

清朝官员叶存仁离任时，他的部属趁着月夜来给他送礼，他为了表明自己拒绝收礼的态度写下了这首《拒赠诗》。

　　叶存仁是一个十分正直的人，他不愿做有损自己人格的事情，用正确的言行维护了自己的操守，值得大家尊重。

◆ 晚清官员家举行婚礼的场面

142

清朝满汉能通婚吗

为了稳固统治基础，清政府实行了八旗制度，严格区别旗人与非旗人。

当时，满族人都被编入八旗，后来，归顺的蒙古骑兵也被编入八旗，称为八旗蒙古，最早归附努尔哈赤的汉军也被编入八旗。此外，八旗还包括部分达斡尔族、鄂温克族、鄂伦春族、锡伯族等民族。

由此形成区别开来的两方：一方为北方各少数民族和部分汉族组成的旗人，另一方则是汉族绝大多数未被编入八旗的人。不在旗的汉人称为"民人"。

八旗中形成了一种风俗，即"旗民不结亲"，这种风俗在满族内部又叫"满汉不通婚"。

从严格意义上来说，所谓的"满汉不通婚"并非指满族人不可以和汉人结婚，而是指八旗内部可以通婚，但是旗人不能和民人（八旗以外的人）结亲。

但是这仅仅局限于清朝的早期，当时，八旗子弟有很高的地位，不用参加科考就可以取得功名，八旗子弟也不屑于娶汉族女子为妻。后来满汉通婚逐渐放开，至少不是那么严格了。

到了光绪时期，庚子事变后，原本强烈抵制变法的慈禧太后在西安宣布"变法"，逐渐推行了允许满汉通婚等一系列"新政"。

光绪二十七年十二月二十三日（1902 年 2 月 1 日），清政府选派八旗子弟出洋游学，为笼络汉族子弟，光绪帝奉慈禧太后懿旨，下谕准许满汉通婚："我朝深仁厚泽，沦浃寰区。满汉臣民，朝廷从无歧视。惟旧例不通婚姻，原因入关之初，风俗、语言或多未喻，是以著为禁令。今则风同道一，已历二百余年，自应俯顺人情，开除此禁。所有满汉官民人等，著准其彼此结婚，毋庸拘泥。至汉人妇女，率多缠足，由来已久，有伤造物之和。嗣后搢绅之家，务当婉切劝导，使之家喻户晓，以期渐除积习。断不准官吏胥役藉词禁令，扰累民间。如遇选秀女年份，仍由八旗挑取，不得采及汉人，免蹈前明弊政，以示限制，而恤下情。"

144

> 汉家秦地月，流影照明妃。
>
> 一上玉关道，天涯去不归。
>
> 汉月还从东海出，明妃西嫁无来日。
>
> 燕支长寒雪作花，蛾眉憔悴没胡沙。
>
> 生乏黄金枉图画，死留青冢使人嗟。

这首诗选自唐朝诗人李白的诗作《王昭君二首》。李白在诗中表达了自己对王昭君远嫁一事的惋惜。

王昭君虽然容貌美丽，却因为不愿用黄金贿赂画师，而被故意画丑，导致她没有被皇帝选中，最终只能远嫁，甚至直到身死也未能再有机会回到故土，令人不得不悲叹。

从这首诗中，我们可以看出汉族和少数民族通婚由来已久，这种通婚大大促进了民族融合。

清朝皇家办丧事规矩多

清朝皇家在处理丧事上的规矩是非常多的。

如果皇帝去世了，在出殡当天，要先用 72 人把皇帝的棺木抬出东华门。按照大清典制，由 64 位引幡人走在最前面，他们高举着万民旗伞。后面紧跟着的是由 1600 多人组成的卤簿仪仗队，整支仪仗队声势浩大，很有排场。他们手中举着各式兵器、幡旗和各种纸扎或绸缎制作的"烧活"。

旧社会的人死以后，不论家境贫富，或多或少都要给死去的人焚化一些纸人、纸马、纸房子、纸衣服等，这些统称"烧活"。

出了东华门后，皇帝的棺木要用身穿孝服的扛夫来抬，分 3 个班次轮流进行抬送，这时候每班人数增加为 128 人。

八旗军士全副武装跟在棺木后面，再后面的是文武百官、皇亲国戚以及宗室队伍，车轿数不胜数。送葬行列中还会有大批身着法衣，手执法器的和尚、道士、尼姑、道姑以及喇嘛，他们负责不停地吹奏和诵经。整个送葬队伍极长，达十几里。

皇家的丧事除了规格高，阵容豪华，在有的丧事中还有很多特殊的规矩。

一般来讲，妻子去世后丈夫基本是不会穿孝服的，但是乾隆皇帝的妻子、皇后富察氏去世后，乾隆就穿了白孝服，还辍朝九日。

富察氏15岁时嫁给16岁的乾隆，两个人的感情一直非常好。乾隆十三年（1748）三月，富察氏在随乾隆南巡途中生病，不幸死于途中，年仅36岁。

乾隆皇帝为此十分伤心，还在大运河的宝船上写下挽诗悼念富察氏："恩情廿二载，内治十三年。忽作春风梦，偏于旅岸边。圣慈深忆孝，宫壸尽钦贤。忍诵关雎什，朱琴已断弦。夏日冬之夜，归于纵有期。半生成永诀，一见定何时？祎服惊空设，兰帷此尚垂。回思相对坐，忍泪惜娇儿。愁喜惟予共，寒暄无刻忘。绝伦轶巾帼，遗泽感嫔嫱。一女悲何恃，双男痛早亡。不堪重忆旧，掷笔黯神伤！"

富察氏离世当天，朝廷就昭告天下，根据《清高宗实录》中的说法："皇后同朕奉皇太后东巡，诸礼已毕，忽在济南微感寒疾，将息数天，已觉渐愈，诚恐久驻劳众，重廑圣母之念，劝朕回銮。朕亦以肤疴已痊，途次亦可将息，因命车驾还京。今至德州水程，忽遭变故。言念大行皇后乃皇考恩命作配朕躬，二十二年以来，诚敬皇考，孝奉圣母，事朕尽礼。待下极仁，此亦宫中府中所尽知者。今在舟行，值此事故，永失内佐，痛何忍言！昔古帝王尚有因巡方而殂落在外者，况皇后随朕事圣母膝下，仙逝于此，亦所愉快。一应典礼，至京举行。布告天下，咸使闻知。"

当时，总理丧仪的大臣们经过议论，根据"有例不灭，无例不兴"的原则，定出丧制：

一、皇帝辍朝九日，持服用缟素；

二、妃嫔、皇子、皇子福晋服白布孝服，皇子截发辫，皇子福晋剪发；

三、亲王以下文武大臣俱成服，齐集举哀；

四、诸王以下文武官员斋宿二十七天。

当时负责操持丧事的总理丧仪大臣还决定效仿明朝事例，采用《大明会典》上记载的皇后丧仪，联衔奏请外省一律按照京师治丧。

乾隆皇帝批准了，于是各省文武官员从奉到谕旨之日为始：

一、摘除冠缨；

二、齐集公所，哭临三日；

三、百日内不准剃头；

四、持服穿孝二十七天。

由此可见，富察氏的丧仪规矩非常繁复，后来这些规定都成为清朝的惯例。

从这个例子能够看出，清朝皇家的丧事不是一般的丧事，丧仪的规格十分严密、烦琐。

▶ 小知识

《易》何以首乾坤？《诗》何以首《关雎》？惟人伦之伊始，固天俪之与齐。念懿后之作配，廿二年而于斯；痛一旦之永诀，隔阴阳而莫知。

此段文字摘自乾隆皇帝所作的《述悲赋》。该赋是乾隆为了纪念已逝皇后富察氏，而在其丧满百日时所作。

可以说，这篇赋句句含情，字字带泪，感人肺腑，让人从中了解到帝后伉俪情深，曾有一段刻骨铭心的爱情。

满族人为何将火葬改成土葬

人去世后，如何丧葬？

按照传统，古代人大多数都是采用土葬的方式。自东汉时佛教传入中国，才开始出现火葬。火葬算是满族的传统丧葬方式，而且满族还是一个拥有多种丧葬习俗的民族。

满族人在古代分布很广，丧葬习俗也各不相同，有的采用火葬，有的采用土葬，还有树葬、水葬等，并没有统一的规定，主要是根据气候地形等自然条件而定，是不断变化的。

最开始，满族人的主要居住地位于我国东北地区，他们主要靠打猎为生，四处迁移。满族人是极为崇拜祖先的，对祭祀很讲究。当有家人在游猎迁徙的途中去世时，如果就地实行土葬，以后很难再去墓地祭奠。而火葬后可以将死者的骨灰随身携带，方便祭奠。出于此种考虑，火葬也就在满族人中日益流行起来。

火葬在清朝入关以前比较流行，入关以后仍延续了一段时间。比如努尔哈赤、皇太极以及顺治皇帝，都是火葬的。

受汉人土葬礼俗的影响，康熙摒弃了火葬习俗，实行土葬。但是，当时除了皇帝、皇太后、皇后等地位极高的皇室成员，其他诸如皇子皇孙、贝勒公主以及普通满族百姓等，还是一律实行火葬。

◆◆ 慈禧葬礼图

乾隆皇帝即位后规定，除了家乡远而不能扶枢归葬的穷困的满族人，满族人一律禁止火葬，违者治罪。当时，这道谕旨极为严厉，于是，满族人逐渐开始有土葬的习俗。

▶ **小知识**

> 冈北冈南上朝日，落花游骑乱纷纷。
> 如何松下几抔土，不见儿孙来上坟？

这首诗是清朝诗人吴嘉纪所作的《冶春绝句和王阮亭先生》。诗中所写的内容与上坟有关。从中我们可以看出，在清朝民间有土葬的习俗。

第六章

弹壁灯贴三面题，

摩肩搭背来猜谜

具有满族特点的育儿习俗

清朝政权掌握在满族人的手中，因此，满族的传统社会风俗自然对清朝有着很深刻的影响，其中就包括满族人的育儿风俗。

入关之前，满族是一个游猎民族，生育条件也比较艰苦。因此，满族妇女一旦怀孕，全家人都会认为是一件大喜事。

为了保证胎儿的正常发育，孕妇的生活有很多禁忌，例如：孕妇不准坐锅台、窗台和磨盘，不得去产房，更不准去办丧事的现场，就是平时也要避免大哭大笑、扭身或摔倒等。

婴儿要降生的时候，满族人会将炕席卷起来，铺上新的谷草，用石头压住炕席的两头，让孩子直接生在谷草上。他们给这样的生产过程赋予了一个专有名字，叫"落草"。

这种习俗保留着满族祖先渔猎生活的古朴粗犷的风格。据说，满族的先人们过的是"冬以豕膏涂身厚数分，以御风寒；夏则裸袒，以尺布蔽其前后"的穴居生活。为了抵御地上的寒气，他们就在地面铺上谷草，产妇分娩自然也是在谷草上进行，所以把孩子出生称作"落草"。

这种生育习俗，对于现代人而言可能难以理解，但是在当时却也有一定的科学道理。谷草既能隔离阴凉，又有很好的保暖效果，因此，满族的先人在那种艰苦的环境中，将孩子生在谷草上也不失为一种好办法。

在孩子即将出生的时候，接生婆还会唱一些报喜的歌曲。

如果家里生的是男孩，大门的左边就挂上一小把谷草和一副小弓箭，祝愿孩子长大后成为一名精通骑射的巴图鲁（勇士）。这副弓箭俗称"公子箭"。而等到满月之后，小弓箭就得取下来，挂在子孙绳上。而如果家里生的是女孩，就在大门的右边挂上一条红布条，以表示吉祥之意。

这样做其实也是在警示人们不要进产房，而为什么不准人进产房，据说是担心人会把孕妇的奶水带走。这在今天看来是不科学的，不过是一种迷信罢了。

新生的婴儿吃头一口奶水也是有说法的。喂第一口奶的奶娘，必须选儿女双全的，以求吉利。

孩子出生后的"踩生"也是有讲究的，得请一位本事大、性格好、长得俊的人，请他第一个到产房走一走，看一看。别看这只是一个形式，却是一件郑重的事。据说，谁踩生，孩子长大后就会像谁。

孩子生下的第三天，还有"洗三"的沐浴仪式。这时，得会集亲友，请村子里一位儿女双全的老阿婆来给孩子洗澡。孩子洗澡用的是一个大铜盆，盆里放的是温开水，里面放上艾蒿、槐树枝和大葱等。这些物品有消毒的作用。

老阿婆一边给孩子洗澡还会一边唱："洗洗头，做王侯；洗洗腰，一辈要比一辈高；洗脸蛋，做知县；洗腚沟，做知州。"老阿婆洗完澡之后，会用大葱轻轻地拍三下小孩的屁股，嘴里念念有词："一打聪明，二打伶俐，三打明明白白的。"

孩子洗完澡之后，孩子的父亲还必须把洗澡水泼到房顶上。在这个过程中，亲友们都会送鸡蛋、白面、粉条和花布之类的东西来祝贺。

当然，在这样喜庆的日子，主人自是少不了用好酒好肉来招待亲友。

要是家里的头胎生了个男孩，那么姥爷就要给外孙买一个新悠车。满族人用悠车育儿的历史悠久，这应该和满族先人的生活环境息息相关。

在游猎生活中，妇女也要忙于采集，而将孩子放在地上，孩子很容易受到野兽的伤害，怎么办呢？于是，人们就用柳条编一个长方形的柳筐，系上藤条，把它悬挂在树枝上，满族人把它称为"悠车"。渐渐地，孩子睡悠车就形成了一种习俗。

悠车两头圆，样式像船，两头用四根绳子系住，拴在房梁上。为了婴儿的安全，一般离地面四五十厘米。

母亲为孩子穿好衣服，裹上薄被，牢牢地捆在悠车上。婴儿饿了，要吃奶的时候，都不需要把孩子抱起来，十分方便。孩子被喂饱了就可以安静地睡觉，而母亲则可以一手摇着悠车，轻声哼唱着哄婴儿入睡，一手做一些家务活。

孩子在悠车中睡觉的时候，为了防止孩子翻身的时候从悠车上掉落下来，往往会用布带等把孩子固定在悠车上。固定悠车也是有讲究的。在将孩子绑在悠车上的时候，一般绑住的是胳膊肘、膝盖、脚踝处。这样一来，孩子只能仰着睡觉，胳膊和腿伸得挺直。因此，满族年轻人的身材多健美，很少有弯腰驼背的情况。他们骑马时，这个特征就更明显，姿势端正，身形矫健，英气逼人。

满族人以扁平头为主。一方面是因为睡悠车不能动弹造成的，另一方面，是他们有意为之，俗称"睡扁头"。孩子的枕头里装着高粱。这样一番操作下来，如果孩子还不是扁平头，那么他就会被人讥讽，称他的头为"南北头""奔儿头"。

孩子满周岁的时候，还有抓周的习俗。抓周的时候，家人会在炕上摆上刀、箭、笔、书、画、算盘、牌九之类物件，让孩子去抓。

抓周寄托着父母长辈对孩子的期望，准备的物品自然也都是经过长辈挑选的。那时，人们崇尚武力，一般都希望孩子抓弓箭刀枪，希望他们长大后成为剽悍的八旗兵，建立功业，光耀门楣。

满月之后，孩子降生时挂于门上的"公子箭"就要拴在子孙绳上，郑重地供奉在西墙北侧的子孙口袋里，以祭妇女、儿童的保护神——佛托妈妈。

遇到龙虎年，祭祀换锁的时候，要把子孙绳从神位请到场院东南方向的柳枝上。这时，族中的妇女都会抱着孩子先后跪在柳枝前作揖磕头，以求神灵赐福。还用柳枝蘸着清水洒在孩子的头上，又让孩子在香碟前用烟熏一下，以示驱邪。然后，家长取下子孙绳上的五彩线锁，套在孩子的脖颈上。过了三天之后，家长再把五彩线锁取下来，放回子孙口袋里，俗称"换锁"。

通过阅读上面的内容，大家是不是已经了解了满族人的育儿习俗呢？这些习俗虽然有些烦琐，但是大多数习俗都是有利于育儿的，寄托着人们对孩子的美好期待。

▶ 小知识

蓼蓼者莪，匪莪伊蒿。哀哀父母，生我劬劳！

蓼蓼者莪，匪莪伊蔚。哀哀父母，生我劳瘁！

瓶之罄矣，维罍之耻。鲜民之生，不如死之久矣！无父何怙？无母何恃？出则衔恤，入则靡至。

父兮生我，母兮鞠我。拊我畜我，长我育我。顾我复我，出入腹我。欲报之德，昊天罔极！

南山烈烈，飘风发发。民莫不穀，我独何害！

南山律律，飘风弗弗。民莫不穀，我独不卒！

这段话出自《诗经·小雅·蓼莪》，所描写的是父母在养育孩子的过程中各种艰辛的场景。"哀哀父母，生我劬劳"这两句更是生动地表达了对于父母养育之恩的感激。因此，后来人们在祭祀父母、怀念父母的时候，常常将这两句诗挂在嘴边。

满族人是如何起名的

关于姓名，不同民族有不同的特色。清军入关之前，满族人在起名的时候，经常使用动物、矿物、属相、山川的名称。这反映出当时的满族人对大自然的认识以及他们与自然之间的关系。

早期的满族人主要生活在白山黑水的广阔世界，既享受着大自然提供的丰富物质资源，也承受它带来的自然灾害。因此，他们对天地、自然的感情是复杂的，既感恩又敬畏。

虽然后来满族先进地区的生产方式已经从渔猎过渡到农耕，但是人们崇拜自然的观念却没有多少变化。动物、矿物、属相、山川每天都能看到，满族人对它们熟稔于胸，用它们的名称来作为孩子的名字信手拈来。这虽然是因为受限于当时人们的知识水平，但更重要的是这些名称里也寄托着人们对孩子的美好愿望，希望子孙们能像动物那样健壮活泼、生生不息，又能像矿物、山川那样坚固。

满族人还喜欢用父辈和祖辈的年龄来给新生婴儿命名，或者以排行取名。用父辈或祖辈的年龄取名，目的是纪念父辈和祖辈，让孩子不忘父辈祖辈养育的恩德，懂得敬老孝亲，不忘祖宗。简而言之，这是他们尊重祖先的一种表现。

康熙之后，清政府为了显示皇室的尊贵，制定了一套相当严格的婴儿命名标准。

康熙皇帝给儿子们起名采取了汉字规范性做法，不但规定了必须按字辈取名，还规定了第二个字的偏旁，即每人的名字用两个汉字，第一个字按字辈命名，皇子都必须用"胤"字，第二个字则必须是用示字旁；而皇孙第一个字都得用"弘"字，第二个字必须是用日字旁。

后来，乾隆皇帝又在弘字辈之下，亲自选定了"永、绵、奕、载"四个字；道光皇帝则在载字辈之下，选了"溥、毓、恒、启"四个字；咸丰皇帝则接着选定了"焘、闿、增、祺"四个字。每一个皇族成员都必须依次取名，如果谁违反了这个命名的原则，那么等待他的将会是严厉的处罚。

嘉庆初年的时候，就发生了这样的一件事——旻亿违反宗室命名的规定，用"金"字旁的字来取名。他为长子取名为"奕铭"，次子取名为"奕镰"。这一下可犯了大错。他遭到嘉庆皇帝的严厉谴责，不但被迫退出乾清门，还被直接革去了领侍卫内大臣、管围大臣等职务。"奕铭""奕镰"分别被改名为"奕绘""奕演"。

后来，受汉文化熏陶，许多满族人也尝试着用汉文起名。满族人的名字原来都是读满音，写满文，在汉文化的影响下，很多当官的满族人把自己的名字写成与满语读音相对应的汉字。

开始的时候，他们对所取的汉字，只要求发音相对应，一般不会考虑汉字的意义是否好。后来，人们对汉字的意义也讲究起来，他们会选含义好的字词或者直接选和汉人姓名相近的字。

这就出现了满族人的名字与汉人姓名相似的情况。那怎么来体现满族人的尊贵呢？乾隆皇帝对此很是忧心，他担心满族人的姓名会被汉人完全同化，于是就对此事加以干涉。

清政府明确规定：满族人可以用两个汉字来命名，但是不准用汉姓。对于这一点，皇帝的要求是很严格的。

乾隆三十二年（1767），乾隆帝接见满保之子满吉善，当他听到"满吉善"三个字的时候，就训斥道："满保之子，竟以满为姓，依照汉人起名，是何道理？"乾隆皇帝亲自将满吉善的名字改成了吉善。还有一次，嘉庆皇帝发现题本内有两个满族人的名字分别叫清永泰与和坤保。他当即不悦，不但把清永泰改为永泰，和坤保改为和保，还对与此相关的旗人进行了处罚。

到了清末，时局败坏，政权日落西山，皇室的权威也日渐丧失。许多满族人开始不受管制，取名也越来越随意。

名有五，有信，有义，有象，有假，有类。以名生为信，以德命为义，以类命为象，取于物为假，取于父为类。

这段话出自《左传·桓公六年》。在我国古代，人们一直将起名作为一件十分重大的事情，甚至还把人的命名作为礼的一部分。

因此，社会上有这样的说法："赐子千金，不如教子一艺；教子一艺，不如赐子一名。"古人给子孙起名非常讲究，有些人认为，一个人的名字起得是否恰当，可能会决定这个人一生的前途命运是否顺利。

早婚与童养媳的陋习

在古代封建社会，为了拉动社会人口的增长，历来都有早婚早育的传统。

清王朝建立之初，因为战乱，人口损失了很多。为了恢复生产，拉动经济增长，清政府也大力推行早婚早育的政策。

当时，男子十五六岁就结婚了，而女子年龄更小，十三四岁就结婚了。清朝的早婚现象到底有多么严重，我们只要看看皇室的早婚情况就能知道个大概。

康熙皇帝是十二岁结的婚，而那时国家也基本安定了。十二岁结婚，可见在当时皇家子嗣结婚要比百姓更早。随着时间的推移，社会繁荣安定之后，早婚就不再被广泛关注了。乾隆皇帝结婚是在十七岁，而同治皇帝则更迟，他是十八岁结的婚。

早婚早育的危害性是极大的，仍以皇室为例。康熙十二岁成婚时，嫁给他的皇后是一个十三岁的孩子。

放到现代，十三四岁正是在读初中的年纪，少女的身体还在发育，心理也没有健全。可是在古代这样的小孩子就得成婚生子，对于这个年纪的女孩来说，生育是很危险的，而且她们所生的孩子也很容易夭折。康熙皇帝的前几个孩子都夭折了，连皇子排行都没有入。他的庶长子胤禔是第五个儿子，之前有四个男孩夭折了。

对于早婚早育的危害，康熙显然是有一定了解的，可是他还是积极推行早婚早育。

在康熙年间，政府除了鼓励早婚早育，还开始推行"盛世滋丁，永不加赋"政策，就是说固定了人头税，增加的人不用缴纳人头税，以此来鼓励生育。

康熙为何这样做呢？原因就是经过明末的社会动荡，清初时人少地多，人均可耕种面积大，社会迫切需要人口。

在清朝，还有一个陋习给少女带来的精神和身体的折磨更甚，这就是童养媳习俗。

当时，一个家庭为了传宗接代，往往不生男孩不罢休，即使是养不起孩子的穷苦人家，也不会轻易放弃。如果生了很多女儿，父母是无法顾及的。于是，许多女孩还在只有四五岁的时候，就被父母送去做了童养媳。

童养媳绝大多数是穷人家的孩子，她们的生活是没有保障的。要是碰上一个好人家，童养媳还有可能吃得饱、穿得暖。要是遇到不好的人家，童养媳的生活那真的是苦不堪言，她们就像卑贱的奴隶一样，什么活儿都得做，还要忍受打骂。

她们如同蝼蚁一样，每天生活在屈辱之中，没有欢笑，没有自由，只有血汗与泪水。在那个时代，童养媳被婆家虐待，做苦力，甚至是被公公婆婆虐待致死，也是很常见的。

童养媳若是被虐待致死，婆家只要找个借口搪塞一下，给一点补偿费，女方的父母很可能就不追究了——那时的女子本身地位就低，更何况是穷苦人家的女孩子。

很多人家都乐意去买一个童养媳，原因有以下几点：

其一，成本低，能给家里增一个劳力；

其二，买方对童养媳怎么样，童养媳的父母也早已无力顾及；

其三，这些童养媳一般养到十三四岁的时候，就可以直接完婚，而不需要给她的娘家彩礼；

其四，如果把童养媳纳为小妾，男方还可以再娶一位正妻，而童养媳的娘家也是不敢有任何异议的。

古时候，童养媳是很多的，她们大多来自贫困的家庭。这种情况一直延续到新中国的成立。国家的出手整治，根除了这一陋习，让很多女孩得到了自由，赢得和男子平等的婚姻权利。

小妇年十二，辞家事翁姑。未知伉俪情，以哥呼阿夫。两小各羞态，欲言先嗫嚅。翁令处闺阁，织作新流苏。姑令杂作苦，持刀入中厨。切肉不成块，礧磈登盘簠；作羹不成味，酸辣无别殊；析薪纤手破，执热十指枯。翁曰："是幼小，教导当徐徐。"姑曰："幼不教，长大谁管拘？恃其桀傲性，将欺颓老躯；恃其骄纵资，吾儿将伏蒲。"今日肆詈辱，明日鞭挞俱。五日无完衣，十日无完肤。吞声向暗壁，啾唧微叹吁。姑云是诅咒，执杖持刀锯："汝肉尚可切，颇肥未为癯；汝头尚有发，薅尽为秋壶。与汝不同生，汝活吾命殂。"鸠盘老形貌，努目真凶屠。阿夫略顾视，便嗔羞耻无。阿翁略劝慰，便嗔昏老奴。邻舍略探问，便嗔何与渠。嗟嗟贫家女，何不投江湖？江湖饱鱼鳖，免受此毒荼。嗟哉天听卑，岂不闻怨呼？人间为小妇，沉痛结冤诬。饱食偿一刀，愿作牛羊猪。岂无父母来？洗泪饰欢娱。岂无兄弟问？忍痛称姑劬。疤痕掩破襟，秃发云病疏。一言及姑恶，生命无须臾！

这是清朝诗人郑板桥写的一首描述童养媳悲惨生活的诗《姑恶》。在诗中，郑板桥控诉了童养媳制度。

做寿礼俗与相见礼俗

清朝初年，刚刚从苦寒的东北进入中原大地的清朝统治者并不太讲究礼仪，也没有什么系统性的礼仪规制。

建都北京之后，清朝统治者借鉴明朝的礼仪规制，融合满汉的习俗，制定并逐步完善了清朝的礼仪制度。

当时，做寿礼俗在清朝宫廷的礼仪制度中是最重要的一项。

那时，皇帝的生日称为"万寿节"，皇太后的生日称为"圣寿节"，皇后的生日为"千秋节"。这些都是国家的重要节日。其中，最为隆重的是万寿节，它与元旦、冬至并称为清代皇室的三大节。尤其是皇帝的八十大寿，更是要举国欢庆。

万寿节这天，清宫要举行隆重而盛大的朝会。仪式首先在太和殿中进行，内容是皇帝接受诸王、贝勒、贝子和文武百官以及外国使臣的朝贺。接着，皇帝移驾乾清宫，在这里，他将接受皇子皇孙和后妃等人的祝贺。参加贺寿的人都必须向皇帝进献寿礼。

按照清朝宫廷的习俗，寿礼有如意、寿佛、书画、珠宝及金银制品等。寿礼以九件为一组，一组称为"一九"，最多可以达到"九九"，极其奢华隆重。

因为是皇帝的寿诞，节日前后几天之内是禁止杀生的；衙门不审理案件；文武大臣都必须穿上礼服，这几天称为"花衣期"。

在清朝的历史上，万寿节规模最大的有两次：一次是康熙的六十大寿，一次是乾隆的八十大寿。

康熙五十二年（1713）三月十八日是康熙的六十大寿。节日前一天，康熙皇帝从畅春园回到紫禁城。一路上设有大驾卤簿，还有二十五个皇子皇孙扶辇而行。

御驾从畅春园进入神武门，一路上，道路两旁张灯结彩，百姓跪迎，还专门搭建了二十余座龙棚和戏台，颁赐给臣下、百姓的酒果达数千桌。而在万寿节当天，除了正式的大朝会，最引人注目的是从各地赶来恭贺的耆耋百姓，他们竟从午门一直排到了天安门外。

乾隆五十五年（1790）八月十三日是乾隆的八十大寿。相较于康熙皇帝，他的寿诞办得更为隆重奢华。当年七月他就在承德避暑山庄举行了一次庆典，参加庆典的是各族首领和外国使臣。

然后，乾隆离开避暑山庄，回到圆明园。他仿效康熙的做法，命人从圆明园到西华门一路都披红挂绿，搭满彩棚和戏台。

而到了生日前一天，他摆驾回宫的时候，群臣百姓夹道跪拜迎送，塞衢填巷，到处都在竞歌献舞，一派欢乐祥和的场景。

寿辰的当天，宫中、朝廷内和地方上的官员进献的奇珍异宝，陈列在殿阶之下，琳琅满目：式样各异的玉如意最多；高三尺左右的红珊瑚树鲜亮璀璨；以金丝为络、青玉为叶、柑橘般大的琥珀为果实的宝石盆景五彩纷呈……

这年的乾隆帝已经"五世同堂"，朝贺、内廷典礼完成，他又在乾清宫举行了寿宴。寿宴中，皇子、皇孙、皇曾孙、皇玄孙等人依次着彩衣上场，翩翩起舞，敬献万寿之礼，可以说是欢乐到了极点。

另外，遇到皇帝的逢旬大寿，各地不能进京进贺的官员也要在当地举行隆重的庆祝仪式：或者修建行宫，或者大修庙宇，或者搭台唱戏，或者设坛诵经……只要是能表达出对皇帝的敬仰之情的举措都要摆出来、做出来、演起来。总之，各地喜气洋洋，普天同庆。

圣寿节的规模也着实不小。按照清朝的制度，在圣寿节，朝中的大臣和地方官员也都要呈送寿礼。

譬如，乾隆二十六年（1762），乾隆皇帝为他的生母崇庆皇太后七旬寿辰操办的圣寿节，其铺张的程度绝不比万寿节逊色。

如今，故宫博物院里收藏的大型册页《胪欢荟景·慈宁燕喜》表现的就是乾隆帝在太后的居所慈宁宫亲自为母后祝寿的场景。

清朝最后一次大规模的祝寿活动，当是慈禧的六十大寿。当时正值中日甲午战争，但是她完全置国事于不顾，大肆操办自己的寿诞。

国库亏空，经济窘迫，到哪里去找钱来满足自己的私欲呢？她竟然做出了卖官鬻爵的勾当。这还不够，她又挪用赈灾费，挪用海防经费。前前后后，她穷尽一切办法，一共筹措了白银一千多万两。

用这么多钱干什么呢？修宫殿，造金辇，购寿礼，办宴席。为了所谓的体面，她还仿照"康乾盛世"的威仪，从颐和园到西华门，一路搭设彩棚、戏台等六十多处。

祝寿活动极尽豪奢，成了慈禧心无家国、极端自私贪婪的罪证。从此之后，清宫也再没有能力举办大规模的祝寿活动了。

千秋节，相对其他庆典而言比较简单。一般的程序是：寿辰当日，皇后首先到皇帝和皇太后处行礼，回中宫后，再接受皇子、嫔妃等人的贺礼。寿宴的规模自然也小得多，完全不能和圣寿节相提并论。至于嫔妃、答应、常在等人的生辰就更简单，给她们贺礼的通常只有她们身边的宫女。

清朝时还有一些非常重要的礼仪。

清宫相见礼，带有鲜明的满族特色。相见礼的类型很多。在《大清会典·礼部·相见礼》中就有"相见礼通例""王贝勒府庆贺仪""王公途遇仪""京官敌体相见""京官属官见长官""京官途遇仪""直省文职官相见""直省武职官相见""国学师生相见""督学管关等官相见""外蕃见内王公文武官"及"士庶相见"等名目繁多的礼仪形式。

这些相见礼仪，可以说涵盖了上自亲王、大臣、官员，下至庶民百姓等各个层级，内容庞杂、琐细而又具体。

满族的请安礼是满族人风俗里礼敬尊长的一种礼仪。每日早起，晚辈需要向家里的长辈请安。如果去别人家串门或者路遇尊长，也是要行请安礼的。这种风俗被清宫所继承，并得到了发扬。

每天清晨，皇子、皇孙们起床后做的第一件事就是去皇帝、皇太后和皇后等处请安问好，而分散在各宫的太监和宫女早起也得向自己的主子请安。

满族人最常见的请安礼节有以下几种。

请大安又称"打千儿"，多用于满族男子下级对上级或对尊者的礼节。男子打千的时候，首先立正，然后将左右的袖口掸一下，以示恭敬。接着，左脚向前移动半步，左腿屈膝，右膝下跪，右手下垂，低下头，上身前倾，仿若拾物的样子，同时说："某某（自己的名字）给某某（对方的称呼）请安。"说完之后，人直身而起，恢复立正的姿势，礼节才算完毕。

请小安就是问安，即垂手站立问好，也叫"问安礼"，多用于满族晚辈女子向长辈行礼时，女子请安时，立正，右脚稍微向后牵引，双膝前屈，呈半蹲的姿势，两手放在双膝之上，口称"请安"，人恢复到立正的姿势，礼节即告完成。

跪安是一种比较常见的清代皇室礼仪。行礼之人正对着受礼者，掸一下双袖，俯首低眉，快步赶到受礼者身前，双手扶膝，下跪，口中称道："某某给某某请安！"说完即起。各宫的太监向其主子请安的时候，通常行跪安礼。

打千和跪安是标准的请安礼，适用于幼对长、下对上、卑对尊的正式请安场合。而宫中的太监、宫女之间相互问安，只要稍稍欠欠身或略微做一下打千之状就可以了。

在宫中，如果太监和宫女相遇，太监必须让宫女先行。《国朝宫史》里就明确记载："凡宫殿监等处太监，行路或遇各宫女子，皆让女子走过再行，不许搀杂争路。"

满族的抱见礼，全称为抱腰接面礼，是满族传统习俗当中的相见大礼。久未谋面的亲戚、朋友新年之后的初次见面，大多行这个礼。

行礼的时候，双方面对面站着，按先左后右的顺序以肩相碰。碰肩之后，双方互相以右手抱着对方的腰，左手抚摸着对方的背，并交颈贴面。最后，双方站直，互相执手问安。

清朝初期，抱见礼被定为宫中最高规格的相见礼仪，但相较于民间有所改动。凡是向皇帝行抱见礼者，必须在略远的地方跪拜一次，到了近前再跪拜一次，然后再行抱见礼。而皇帝则只需坐于殿上或行幄之中受礼。

行礼者如果抱着皇帝的膝盖或者腋下，皇帝一般是不用还礼的。而行礼者地位尊贵或者是长辈，皇帝则要视情形还礼，要么起立受礼，要么互行抱见礼，其中以皇帝亲自到郊外迎接，与来访者互拜并互行抱见礼的等级为最高。

清朝中期后，随着宫廷礼仪不断规范化，抱见礼逐渐消失，代之以执手礼，只在特定的时候作为国家礼仪被使用。抱见礼为什么会被取代呢？杨宾在《柳边纪略》中点出了背后的原因："以抱不雅驯，相见与别但执手。"所以，生活在京城的满族人渐渐地不再行抱见礼，但是在关外的满族人仍然长期保留着这种习俗。

满族的跪叩礼也是满族人传统的相见大礼，一般幼见长、下见上、仆见主的时候都必须行这个礼。

跪叩礼是怎样地跪与叩呢？双膝着地跪下，再起立，是为一跪；两手拊髀、屈躬俯首贴近地面，再次挺身，是为一叩。跪叩的组合很多，可以一跪一叩，也可以一跪三叩，还可以二跪六叩，甚至可以三跪九叩。跪叩的次数越多，礼节也就越重。

清宫承袭了这种礼仪，朝会、登基等隆重的场合通常都会用到它。盛大典礼的时候，诸位王公大臣和皇帝家人（太后除外）就必须向皇帝行三跪九叩之礼；而皇帝在祭天地、祖先以及为皇太后祝寿的时候，也必须亲自行三跪九叩之礼；一般的内廷典礼，皇帝家人之间，幼对长则只要行二跪六叩之礼；而大臣在皇宫中被皇帝召见，或宫中太监平时见到皇帝，大多行的是一跪三叩或一跪一叩之礼。

外国使节觐见礼也是一个重要的礼仪，能够体现一个国家的尊严。鸦片战争以前，无论是藩属国，诸如朝鲜、安南、暹罗等地区的使节，还是西方的英国、荷兰、俄国等国的使臣，觐见大清的皇帝都必须进行两次三跪九叩之礼，一次在朝见之初，一次在朝见结束。

西洋使臣如果不熟悉觐见的礼节，觐见前的几天，礼部鸿胪寺会派官员去教习。

鸦片战争之后，西方诸国要求清廷改变觐见之时的跪叩礼。从咸丰朝开始，各国就与清廷在此事上争执不下。也正因此，终咸丰一朝，西方列强都没有觐见咸丰皇帝。

同治十二年（1873），同治皇帝亲政之后，对各国使臣的觐见礼依然遵其祖制。但是，西方各国驻京大使却联名照会清廷，鼓噪称"（跪叩）有碍国体""断不肯行"。

万般无奈之下，清廷只好在当年的五月将觐见中的三跪九叩之礼更改为五鞠躬礼。其礼仪大致程序是：使臣到了皇帝的大殿外一鞠躬，到达皇帝的御座前一鞠躬，递交国书完毕一鞠躬，听完皇帝的宣谕一鞠躬，退回到大殿的门口一鞠躬。在此过程中，皇帝则不必答礼。

而到了光绪、宣统的时候，各国公使在行完鞠躬礼之后，皇帝则要和他们握手，以表示答谢。

其实，从清宫使节觐见礼的变化，也能清楚地看到清帝国由盛向衰的变迁历史。

▶ 小知识

玉池波浪碧如鳞，露莲新。清歌一曲翠眉颦，舞华茵。

满酌兰英酒，须知献寿千春。太平无事荷君恩。荷君恩，齐唱望仙门。

这是北宋著名文学家晏殊所写的一首圣寿词《望仙门》，圣寿词就是为庆贺皇帝生辰而写的词。晏殊的圣寿词不仅明确表达了对皇帝生辰的祝贺，还描写了百官对皇帝的朝贺。

◆ 《胪欢荟景》之《慈宁燕喜》

为何清朝人喜欢赶庙会

庙会，又称为"庙市"或者"节场"，一般在农历新年、元宵节、二月二龙抬头等节日举行。

庙会是民俗活动，最初起源于宗庙社郊制度。那时的人们时常遭遇天灾人祸，为了求得心灵的慰藉，就把希望寄托在祖先及神灵的保佑上。

于是，人们通过在宫殿或者房舍里供奉与祭祀的方式与祖先或神灵对话，以满足自己的内心需求。

而为了烘托祭祀的气氛，人们还会在祭祀现场演出一些歌舞，也即社戏，又称庙会戏。庙会也就是从此时开始出现的。后来，庙会代代相传，长盛不衰。

到了清朝，庙会依然在各地发展着。这时候，庙会不再囿于冬至或腊月到正月十五这个时间段了，一年里重要的日子基本上都有庙会。

庙会那几天，人们穿梭于大街小巷，称上二斤桂花糕，扯上三尺花棉布，看上一台地方戏，甚至还有人喜欢选在庙会那天走亲访友，到处是热闹喜庆的景象。可以说，庙会已经成了清朝人生活的一部分。

在清朝，人们赋予了庙会更多的经济和文化的色彩。

每到正月十五那天，北京城里就会有盛大的灯会。小贩们早早备齐了货物，期望在这一天好好赚上一笔。正月十五天还没亮，小贩们或挑着担子或推着车早早地进了城，他们期望着能占得一个好摊位。

庙会上的货物那叫一个琳琅满目：精致的点心有芙蓉糕、茯苓糕等，孩子的零嘴有葡萄干、杏脯、酸梅干等，山货有野兔、山鸡和黄麂，还有妇女喜欢的各色花布，小孩喜欢的各种玩具。一些规模比较大的行商则干脆赶着驴车进城，车上载着成衣、家具、花木等。

庙会上，除了做买卖的商贩，还有演曲艺、耍杂技的艺人。他们或搭台唱戏，或吞刀吐火，或舞龙舞狮。

不同地方的庙会各具特色。北京城正月十五的庙会常会设置猜灯谜的游戏，山东的庙会则常有放风筝的环节，天津偏爱抬着妈祖祭祀祈福，温州有划台阁表演，苗族喜欢打果子仗，壮族男女则身着盛装抛绣球、碰红蛋，等等。

庙会上，人们还可以到茶馆、戏园子里一边喝茶一边消遣。在那里，不仅能看布偶戏、皮影戏，听大鼓、评书、相声等，而且可以会友，吟诗作对，高谈阔论，各种闲情雅趣令人流连忘返。

清朝时，北京的庙会最重要的主题就是敬神上香、庙市交易与玩赏游戏。

根据《帝京岁时纪胜》《京都风俗志》《燕京岁时记》《天咫偶闻》《北平风俗类征》等书籍的记载，清朝时期，北京的主要庙会如下：

正月初一，到正阳门月城内的关帝庙上香；

正月初一到初十，西直门外的大钟寺开庙；

正月十九是"燕九节"，阜成门外的白云观将开庙十九日；

正月初二，广安门的外财神庙设庙会；

正月十五，安定门外的清净化城寺（俗称"西黄寺"）设"打鬼"庙会；

正月二十三，德胜门外的慈度寺（俗称"黑寺"）设"打鬼"庙会；

正月三十，内城雍和宫设"打鬼"庙会；

二月初一，左安门内的太阳宫设庙会；

二月十九，正阳门月城内的观音庙，以及城内外白衣庵、观音院、大悲坛、紫竹林等庙宇都会设"观音会"庙会，六月十九日和九月十九日，这些庙宇也设"观音会"庙会；

三月初一到初三，东便门附近的蟠桃宫（即太平宫）设庙会；

三月十五到二十八，朝阳门外的东岳庙设庙会；

四月初一至十八，西直门外的天仙庙和京城五座碧霞元君庙（称为"五顶"），除"南顶"之外都设庙会；

四月初一到十五，蓝靛厂广仁宫、京西妙峰山碧霞元君庙设庙会；

四月初一到十八，北京东北部的丫髻山碧霞元君庙设庙会；

四月初八，各佛寺设浴佛法会；

四月十五到二十八，京城药王庙，包括东直门内东药王庙、地安门外西药王庙、安定门内北药王庙、天坛之北南药王庙都会设庙会；

四月二十二，宛平县的城隍出巡；

四月二十九，大兴县的城隍出巡；

五月初一到十八，永定门外的"南顶"碧霞元君庙设庙会；

六月初六，广安门内的善果寺设"晾经"庙会；

六月二十四，京城各关帝庙设庙会；

七月十五，京城各佛寺设盂兰盆庙会；

八月初三，崇文门外的都灶君庙设庙会；

九月十五到十七，广安门外的财神庙设庙会；

十月初一以及清明节和中元节，正阳门外的江南城隍庙设庙会。

庙会期间各庙大都同时开设庙市。北京城除了这些有特殊日子的庙市，在平时某个固定的日子，还有很多定时开放的庙会，比如：

每月的初一、十五，开东岳庙庙会、北药王庙庙会；

每月的初三、十三和二十三，开宣武门外的土地庙庙会；

每月的初四、十四和二十日，开崇文门外的花市庙会；

每月的初七、初八，开护国寺庙会；

每月的初九、初十，开隆福寺庙会；

四月初一至十五，开西直门外万寿寺的庙会；

五月从初一起，宣武门内的都城隍庙开庙市十日；

六月初一，右安门外十里草桥"中顶"碧霞元君庙开庙市……

179

总而言之，北京大大小小的庙会，除了满足人们的物质需求，也极大地满足了人们的精神文化诉求。

北京城的庙会如此繁多盛大，庙会文化自然而然地对各地起着引领和示范作用。清朝时，庙会遍地开花，成为中华大地上一道亮丽的风景线。

河北的怀来县人尊崇龙神，"各村堡皆有庙"，每当到了秋收时节，人们就会筹措资金请戏班来演戏，以表示对龙神的敬拜之意。

四月十八日，山东的泰山庙会更为热闹，更为红火。从四月十五日开始，人们就精心制作"娘娘驾"。"娘娘驾"可不是一般的存在，那真是宏伟壮观、富丽堂皇。有史载："作楼台五六层，殿宇廊榭，钟阁碑楼，神鬼形象，靡不穷工极巧，金碧辉煌。"

"娘娘驾"一般长一丈余，宽六七尺，由十二个人抬着，游走街市，很是吸引人的眼球。

"娘娘驾"出巡的队伍中还有"担大幡杆数十，高十余尺，五彩纷纶，璎珞披拂，上绘各神像，仙容圣号，不一而足""男女纷纷随之，盈街溢巷，万头攒动，真盛观哉"。

而到了四月十八日这天，"各个村堡娘娘驾又来进香，从者数十百人"。村镇的队伍与县城的队伍一会合，"如锦添花、火增焰"，极为热闹。

清朝时，江南的庙会与北方的比较起来，往往更为繁华热闹，迎神娱乐的气氛也更为浓烈一些。江苏省吴县（1995年撤消吴县，设吴县市）每年农历二月十九日都会举行观音山香市。"三春士女，联袂进香，香市极盛。"进香的路上，"画船六柱，箫管迭奏"，有"茶篷、酒肆、饼炉、香铺，赶趁春场"。

游人们尽兴而来，日暮方归。回返的人群"臻臻簇簇，联络十里，笑语盈路，众情熙熙，无不各随其乐"。

还有苏州虎丘山的庙会，一到清明，则"清明赛会最盛，十乡城内外土谷神咸集，游人群聚山塘"。可谓盛况已然。当神像经过的时候，"士女迎拜，谓之接会"，常常是"观者填溢衢巷，臂倚肩凭，袂云汗雨，不可胜计"。

由此可见，清朝的庙会文化还是非常繁荣的。那个时候人们喜欢逛庙会，说明百姓生活水平还过得去。

▶ 小知识

屯氏犹然是旧河，一湾古水不扬波。

灯牵荇带迎秋入，供设兰盆抵暮过。

鬼物吟风亲酒食，鱼龙倚月狎笙歌。

千年遗迹今谁在，节序催人感慨多。

这首诗是明末清初诗人程先贞所作的《中元夜过北海子观放水灯》，诗中主要描绘了清朝中元节夜放河灯的情景。

每年农历七月十五，中原地区称中元节，俗称鬼节；满族则以此日为孝亲节。孝亲节一直是满族重要的节日，主要习俗有赛威呼、放河灯、赏月等。清军入关后，孝亲节与中原地区的中元节相互融合，融入祭祀、娱乐等新的民俗活动。

◆◆ 1900 年的前门大街

◆◆ 1906 年北京东单牌楼街景

缠足为何禁而不止

缠足是我国古代的一种陋习，是用布带将女性的双脚紧紧缠裹起来，禁锢脚的生长，致使双脚畸形变小。

过去，一般的女性都是从四五岁起就开始缠足，直到成年之后，骨骼定了形方才解开布带，也有终身缠裹者。这种陋习给古代女子带来的不仅是一生的生理痛苦，还有说不尽的精神折磨。

根据学者考证，缠足很可能是从北宋后期开始的，到了南宋变得普遍。当时，脚小不小俨然成了评价一个女子是否美丽的标准。后来，缠足之风为历代所沿袭，逐渐蔓延到社会各阶层。

清初，缠足经历了一个从禁到放的发展过程。

崇德元年（1636），清太宗皇太极明确提出了"凡汉人官民男女穿戴，俱照满洲式样"，并强调女子都不得缠足。后来，他甚至将缠足视为死罪，"若裹足，则砍足杀之"。

顺治十七年（1660），顺治皇帝为了贯彻禁缠足的政策，又明文规定了"有抗旨缠足者，其夫或父杖八十，流三千里"。但是，这些命令最终并没能落实。社会上，不仅汉族的女子，就连满族的女子也开始缠足。这是为什么呢？

首先，尽管清廷禁止缠足，但是社会上却有那么多缠足的妇女，难道能把她们都杀了吗？显然是不可能的。

其次，缠足的风气源远流长，有着广泛的群众基础。禁止缠足的命令在民间的阻力那可不是一般的大。

当时明朝覆灭不久，许多人的民族气节犹存，他们对清廷推行的禁止缠足的命令非常抵触，偷偷地不执行也是必然的。而满族女子受汉人影响，也认为缠足确实能展现女性之美，自然而然也开始缠足。

最后，皇帝自己言而无信。据说，顺治皇帝尽管明令禁止女子缠足，却悄悄地纳了几个缠足汉女在后宫。

孝庄太后知道了这件事之后，担心他会因此沉迷女色，特意下了一道谕旨说以后缠足女子入宫者斩。她还将这道谕旨作为训诫，挂在皇帝必经的神武门内。

康熙即位之后，也专门对屡禁不止的缠足问题进行过深入研究，并于康熙三年（1664）下达命令，规定康熙元年以后出生的女孩禁止缠足。若违令缠足，如果她的父亲有官职，那么她的父亲就将交由兵部和吏部来处置；如果她的父亲是一个普通的人，那么她的父亲就将交给刑部杖责四十大板，并给予流放十年的处罚；如果族长没有监督到位，那么将给予族长戴枷一个月，杖责四十大板的处分；如果是官员失察，也要把他交由吏部等部门处置。

康熙的禁足令不但对事件的当事人有惩罚，还对相关人员实行连坐，追究连带责任。因此，康熙年间，女子缠足的现象在一定程度上减少了。

康熙七年（1668），都察院左都御史王熙认为这样的规定太过严厉，容易造成民间有人诬妄，以致牵连无辜。于是，他建议放宽禁缠足的法令，减小打击面。他的建议被采纳了。

此后，尽管清政府也颁布过新的禁缠足法令，但是效果却越来越差。士大夫们反对清廷对汉族习俗的干预是一个不可忽视的原因。所以，最后在执行的时候，清廷不再对汉族女子是否裹小脚进行严格干预，只是严禁旗人女子缠足。

▶ **小知识**

> 吾闻尊处向有妇女缠足之说。始缠之时，其女百般痛苦，抚足哀号，甚至皮腐肉败，鲜血淋漓。当此之际，夜不成寐，食不下咽，种种疾病，由此而生。

这段话出自清朝文人李汝珍创作的长篇小说《镜花缘》。我们从中可以很清楚地了解到女性在缠足之时所承受的痛苦。

清朝人也可以出国留学了

　　清朝中后期，国力日渐衰弱，尤其是鸦片战争以及之后数次战争的惨重失败，在一定程度上警醒了那些迷茫麻木的国人。

　　随着国门的打开，西方的文化和思想涌入，睁眼看世界的中国人深刻地认识到了闭关锁国的危害性，认识到必须打开国门学习西方的科学技术，国家才有可能重新走上富强之路。

　　于是，派人到西方国家学习的想法应运而生。

　　清政府决定派遣留学生出国去学习西方先进的技术，其实经历了一个漫长的过程。最初是著名的教育家、外交家和社会活动家容闳通过丁日昌向清廷表达自己的谏言——向国外派遣留学生。但是，他多次进谏，几乎没有得到什么回应。最后，容闳和丁日昌说动了曾国藩。

曾国藩向朝廷奏请派留学生，并力陈利害，清政府终于同意了他的请求。

同治十年（1871），清政府专门成立了"幼童出洋肄业局"，以陈兰彬为委员，容闳为副委员。两个人分工明确，陈兰彬负责留学生在美国期间的中文学习，而容闳主要负责留学生在美国的生活和教育。

同治十一年（1872），容闳千辛万苦地找了30名愿意前往美国的孩子。最后，这些孩子在他的带领下，乘轮船顺利地到达了美国的旧金山。

可以说，容闳为了找齐这些人费了很大力气。因为当时的国门虽然打开了，但是人们对于外面的世界还是很抵触的，再加上国人有着安土重迁的思想，对于把孩子送到国外去，他们很难接受。

这批学生年龄都不大，大都在10岁左右，素质修养不错。尽管如此，孩子们毕竟没有出过远门，许多孩子的父母还是对孩子在外有着深深的忧虑。

清廷也担心他们在外有个意外会牵累政府，因此，在他们出海之前，也让他们每人写下了一份生死状——15年之内有任何意外，他们都必须自己担责。

在随后的几年里，又陆续地有3批幼童走出国门，踏上了美国的土地。或许是为了更好地学习当地的语言，或许是为了了解当地的风俗习惯，又或许是为了节省开支，他们都是寄居在当地人的家中。

他们虽然身在异国他乡，但是始终记着自己是炎黄子孙，始终没有忘记自己的使命，他们在大洋彼岸刻苦地学习着先进的科学技术知识。

据统计，从同治十一年（1872）到光绪元年（1875）4 年之间，清政府先后分 4 个批次将 120 名幼童送到美国留学。这些幼童成了我国历史上最早的官派留学生。

这些孩子天资聪慧、学习刻苦，很多人都突破了生活、思想和学习的障碍，进入中学甚至大学学习。第一批留学生中，除 2 人早退、2 人病死、1 人逃跑外，其余多数进了大学。

詹天佑和欧阳庚等 14 人考进了耶鲁大学；邓士聪、吴仰曾、黄仲良、邝荣光等 7 人则分别考入麻省理工学院、哥伦比亚大学、理海大学、拉法耶特学院等高校。

这些孩子长期生活在美国的家庭里，自然会受到西方文化的熏陶。因此，他们有的剪掉了自己的长辫子，还有的甚至连八股文制度也一起抛弃了。这是清政府所不能允许的。

于是在光绪七年（1881），清政府下令召回所有的留美学生。曾经轰动一时的留美计划也因此被废止了。

在这些留学生当中，除了病死他乡的，个别不能完成学业的，以及几个不想回来的，绝大多数都选择了回到祖国的怀抱。回来之后，他们都成了各行各业的优秀人才。

其中，名气最大的当数詹天佑。他因为建造了京张铁路，结束了我国不能独立建造铁路的历史而名垂青史。

蔡绍基则成为北洋大学（今天津大学前身）校长，为我国的教育事业作出了巨大的贡献。

邓士聪、容尚谦、陈钜溶成为海军方面的杰出人才，为我国的海军发展作出了巨大的贡献。

刘家照、陆永泉、梁敦彦、黄仲良等人在朝廷做官，都是颇有影响力的外交官。

陈荣贵、邝荣光、吴仰等人是矿业工程师。

我们可以来梳理一下这4批留学生所从事的行业和所取得的成就。

他们当中，从事工矿、铁路、电报者有30人，其中担任工矿负责人的有9人，工程师6人，铁路局局长3人；从事教育事业的有5人，其中担任清华大学校长的有1人，担任北洋大学校长的有1人；从事外交行政的有24人，其中担任外交次长与公使有2人，担任外交总长有1人，内阁总理有1人；从事商业的有7人；进入海军服务的有20人，其中14人担任海军将领。

总而言之，除了早亡、留美不归和埋没故里者，他们大都在各自的岗位上颇有成就。

清朝除了向美国派出留学生，还向欧洲、日本派出了一部分留学生。尤其在甲午战争失败后，清政府看到日本经过明治维新后国家大变样，已经成为亚洲第一个走上工业化道路的国家，逐渐跻身于世界强国之列。清政府迫切地想了解这样一个"小国"究竟有何能力，于是开始派遣留学生去日本。

▶ 小知识

故今日之责任，不在他人，而全在我少年。少年智则国智，少年富则国富，少年强则国强，少年独立则国独立，少年自由则国自由，少年进步则国进步，少年胜于欧洲则国胜于欧洲，少年雄于地球则国雄于地球。红日初升，其道大光；河出伏流，一泻汪洋。潜龙腾渊，鳞爪飞扬；乳虎啸谷，百兽震惶。鹰隼试翼，风尘翕张；奇花初胎，矞矞皇皇。干将发硎，有作其芒。天戴其苍，地履其黄。纵有千古，横有八荒。前途似海，来日方长。美哉我少年中国，与天不老；壮哉我中国少年，与国无疆！

这段话出自清末政治家、文学家、教育家梁启超的《少年中国说》，文中呼吁少年要具有勇于改革的精神，鼓励少年要发愤图强，肩负起振兴中华的伟大重任，表达了作者热切盼望中国能够繁荣富强的强烈愿望和积极进取的精神。

◆◆ 第一批留洋幼童照片。1872 年到 1875 年，清政府先后选派了 120 名 10 岁至 16 岁的幼童
赴美留学。这是近代中国历史上的第一批官派留学生。在这些幼童之中，不少人成为了近
代中国历史上的佼佼者，如清末思想家严复，著名铁路工程师詹天佑，民国政府第一任国
务总理、复旦大学创办人唐绍仪，清华大学第一任校长唐国安等。

◆ 1872 年詹天佑（左）和潘铭钟（右）在
到达康涅狄格州纽黑文后的合影

◆ 学生时代的詹天佑

第七章

我劝天公重抖擞，
不拘一格降人才

登峰造极的清朝瓷器

　　清朝是中国瓷器生产的鼎盛时期，尤其在康熙、雍正、乾隆三朝。当时国家政治安定，经济繁荣，皇帝对于瓷器也十分偏爱，因此瓷器制作技术得到迅猛发展，出现了很多瓷器珍品，成就卓越。

　　在清朝，除了景德镇的官窑，各地的民窑也发展迅速，取得了很大的成就。再加上大量进口生产陶瓷的西洋原料，同时也引入了一些新技术，陶瓷业水平更上一层楼，产品更为丰富。

　　唐英是清朝杰出的督陶官，也是我国有名的陶瓷艺术家。唐英在陶瓷业所取得的成就可以说前无古人，后无来者，在很多国宝级陶瓷上，我们都能见到唐英这个名字。

　　雍正时期，四十多岁的唐英在怡亲王的举荐下，远赴景德镇御窑厂管理陶务，唐英在陶瓷制造领域潜心钻研，后来深受皇帝的赏识。唐英在景德镇督陶近三十年，在陶瓷业穷尽毕生的心血，创造了无人能比的成就，促使清朝陶瓷技术到达巅峰。

后来，人们将唐英在景德镇御窑厂督造的瓷器称为"唐窑"。唐窑瓷器非常精美，其制作水平和质量都达到前所未有的高度。中国的瓷器也因为有了唐窑，才集过去所有制作之大成，尤其在瓷器装饰方法、造型设计以及制瓷技术方面更是前朝无法媲美的。

比如，唐窑瓷器在装饰方面，仅仅高低温颜色釉就有五十七种，在彩绘方面不仅能体现山水人物花鸟的写实意境，还有青绿渲染的高超技艺，给人展现四时远近之景。在瓷器的造型设计上，从古礼器尊鼎卣爵的各种款式，到瓜瓠花果形象作品，应有尽有。

清朝瓷器能够登峰造极，和皇帝对瓷器的喜爱是分不开的。清朝共有皇帝十二个，除了努尔哈赤和皇太极，其余每一个皇帝在位时都有皇帝纪年款的瓷器传世，由此可见皇帝对于瓷器的重视程度。

比如，在顺治朝时官窑生产的瓷器要书写"大清顺治年制"两行六字，主要以楷书青花款为主，也有写"顺治年制"四字款。到了康熙时期，瓷器款式较多，但是其官窑款多为"大清康熙年制"两行六字或三行青花楷书款，到了晚期，也有少量篆书款。

说到清朝瓷器，还不得不提清朝青花瓷。在众多的瓷器中，清朝青花瓷一直被收藏家们所热捧、珍藏，珍品众多。这是为什么呢？

因为清朝瓷器品种繁多，但还是多为红、黄、紫、绿、蓝的五彩瓷器，很少用青花。尤其康熙年间的青花瓷更是具有极高的艺术价值。因此，清朝青花瓷成为瓷器收藏市场中的宠儿。

康熙年间的青花瓷可以分为早、中、晚三个时期，其中早期是康熙元年至康熙十九年，中期是康熙二十年至康熙四十年，晚期是康熙四十年至康熙朝终，其中康熙中期青花瓷最为突出。

早期的康熙青花瓷还保留着明朝的遗风，其特点是釉面肥润、色泽泛青，青花发色深沉、灰暗或者迷混，画意粗犷并且苍古浑朴。

中期的康熙青花瓷则开始使用上好的浙料，并且借鉴中国纸绢水墨画分水皴染技术，融合了西方绘画的透视技法，使瓷器的画面更加富有写实感，不仅能表达浓艳粗犷的纹饰，还能表现淡雅纤细的图案，给人娇艳青翠、清新明快、层次分明的感觉。

晚期的康熙青花瓷色调开始逐渐转为浅淡或灰暗，有的瓷器呈色不稳，并出现晕散的现象，这时候的瓷器釉面除细润的粉白色外，还常见细硬的青白色。

要说清朝哪个时期的瓷器水平最高，那还得是雍正时期。这个时期，粉彩瓷最为突出，非常流行，从而取代了康熙五彩的地位，成为釉上彩瓷器的主流。

雍正粉彩不仅采用白地彩绘，还有各种色地彩绘，比如珊瑚红、淡绿、酱地以及墨地等。雍正瓷器在造型上轻巧俊秀、典雅精致，外形线条柔和圆润。

这时候，瓷器胎体在选料上也极其讲究，能够做到壁薄体轻，匀称一致，还具有仰光透视，略显淡青、半透明的效果。

在瓷器的装饰手法上，雍正时期釉下彩瓷器中青花釉里红瓷的制作技术更是达到炉火纯青的地步，青花和釉里红能够在同一环境中烧成，而且两种色泽还都十分鲜艳。

乾隆朝之后，陶瓷业慢慢开始走下坡路。尤其到了道光年间，国力日渐衰弱，陶瓷业的生产规模也逐年缩减，产品质量也大不如从前。

▶ 小知识

> 白釉青花一火成，花从釉里透分明。
>
> 可参造化先天妙，无极由来太极生。

这首诗出自清朝诗人龚轼的《陶歌》。龚轼通过这首诗来赞美青花瓷，形象地描绘了青花瓷的精美。

◆◆ 清乾隆粉彩镂空瓷瓶

写诗有风险，小心文字狱

文字狱是指旧时统治者故意从作者的诗文中摘取字句、罗织罪状所造成的冤狱。

中国历史上很多朝代都出现过文字狱，而清朝的文字狱是最多的。从顺治时期到乾隆时期，文字狱贯穿了清朝前150年左右的时间。

据史书记载，顺治时期，实施文字狱有7次，康熙朝实施文字狱约10次，雍正朝实施文字狱20多次。到了乾隆朝，虽然社会经济繁荣、政治稳定，却实施了130多次文字狱。

下面，我们就一起来通过顺治末年到康熙初年的明史案来了解一下文字狱的残酷程度。

在浙江湖州有一个叫庄廷鑨的人，他家境富裕，并且爱好研究历史。有一天，他突发奇想，决定要写一部明史，并希望自己和作品都能留名于世，于是他四处搜罗有关明朝的历史资料。

此前，庄廷鑨的同乡朱国祯曾经编著过明史，生前还存有手稿没有印制。朱国祯早已去世，他的后人听说庄廷鑨想写明史，就把朱国祯的手稿卖给了庄廷鑨。庄廷鑨在朱国祯的稿子上署了自己的姓名，又补写了一些明朝崇祯时期的事迹，书中有一些指斥清朝的言论。书编成后，庄廷鑨病死，由其父为之刊行。

在湖州当地有一个被罢官的知县叫吴之荣，他是一个阴险小人。他在得知庄廷鑨的这本明史中有指斥清朝政府的内容后，便到庄家进行敲诈，没想到庄廷鑨的父亲不仅一分钱也没有给他，还把他臭骂了一顿。

怀恨在心的吴之荣便向将军松魁告发了这件事。松魁于是要巡抚朱昌祚来调查此事，朱昌祚又将这件事转交给了督学胡尚衡。

庄廷鑨的父亲听到吴之荣状告自己的事后，连忙向胡尚衡行贿，并对书中的内容进行了修改，删除了指斥清朝的一些内容，重新刻版印刷，事情也就这样不了了之了。这样一来，吴之荣更加气急败坏，便拿着书稿的初版告到北京。

清政府指定刑部立案追究，于是掀起了一场文字大狱。而此时庄廷鑨已经去世，即便如此，他还是被开棺戮尸，其父庄允诚及其弟弟庄廷钺因受牵连而被杀。曾为该书作序的原礼部侍郎李令皙及其儿子等4人被斩首。

其中，还隐藏着一起冤案。李令晰的书序中提到的朱氏，原本指的是朱国祯。当时，吴之荣因与当地一个叫朱佑明的富人结有私怨，于是颠倒黑白，非说此朱氏就是朱佑明，导致朱佑明及其儿子、侄子被斩首。

不仅如此，在此次文字狱中还有很多官员也被牵连，包括松魁、朱昌祚、胡尚衡等人。而要说最倒霉的，还数才刚上任半月的湖州太守谭希闵，他连事情的来龙去脉都还没弄明白，就以隐匿罪被稀里糊涂地绞死了。

在此次文字狱中，凡是参与校书、刻书、卖书的人都受到了处罚。据了解，明史案冤死者有 70 多人。

清朝的文字狱在一定程度上维护了统治者的利益，也打击了异己分子，但是它严重禁锢了当时知识分子的思想，阻碍了文化的发展。

▶ 小知识

金粉东南十五州，万重恩怨属名流。

牢盆狎客操全算，团扇才人踞上游。

避席畏闻文字狱，著书都为稻粱谋。

田横五百人安在，难道归来尽列侯？

这是清朝诗人龚自珍写的《咏史》。

在繁华绮丽的江南，无限的恩宠和肆意报怨都集于一些社会名流。朝廷中权贵、幕僚把持着大部分的权力，内宫佞臣已经窃据了朝廷要津。

每个书生都畏惧文字狱，即使著书也只是为了谋食保安宁。现在，田横500位壮士在哪里呢？难道都已经被封官拜爵、归顺大汉朝廷了吗？

这首诗名为咏史，实则伤时，诗人感慨当时江南的文人名士都已经慑服于清王朝的残酷统治和文字狱，苟且偷生，明哲保身。

鼻烟壶究竟是个什么玩意儿

在一些清朝题材的影视剧中，我们经常可以看到一些达官贵人会从怀里掏出一个精致的小瓶，从瓶中取出一小撮碎末，放在手背上，低下头将鼻孔对准碎末深吸一下，整个人都会变得神清气爽。你们知道他们吸的是什么吗？没错，就是鼻烟。

鼻烟究竟是一种什么东西呢？为什么清朝人喜欢吸鼻烟呢？

其实，鼻烟是一种烟草制品。明末清初，鼻烟开始传入中国，用来盛鼻烟的鼻烟盒也渐渐中国化，从而产生了鼻烟壶。

到了清朝康熙年间，清政府开放海运，西方传教士携带大量的鼻烟和盛装鼻烟的玻璃瓶进入了中国，于是，吸鼻烟开始在社会上流行起来。

乾隆皇帝甚至还常常将鼻烟赏赐给王公大臣，这样一来，吸鼻烟渐渐成为一种社会时尚，一种身份的象征。

鼻烟壶是一种大小适合握在手里、方便携带的盛鼻烟的容器，这种容器和中国的制作艺术结合起来，最终成为一种传统的工艺品。

鼻烟壶种类繁多，图案也非常丰富，用料广泛。比如，清朝有钱人就经常采用瓷、铜、象牙、玉石、玛瑙、琥珀等材料制作鼻烟壶，还运用青花、五彩、雕瓷、套料、巧作、内画等技法对鼻烟壶进行装饰。

下面，我们一起来了解一下鼻烟壶的种类。

1. 玻璃鼻烟壶，又称料器鼻烟壶。这种鼻烟壶有其独特的好处，不打开就能看到所盛鼻烟的多少、成色，因此很受欢迎。玻璃鼻烟壶具有多种样式和色彩，能做到形状惟妙惟肖、生动无比。常见的玻璃鼻烟壶用料有金星料、花料、雄黄料及各种仿宝石料等。

2. 瓷鼻烟壶，即瓷胎鼻烟壶。清朝瓷器业相当发达，因此瓷鼻烟壶种类也非常齐全，青花、斗彩、粉彩、釉里红等，应有尽有。

3. 玉鼻烟壶。在乾隆时期，和田玉和翡翠都成了制作鼻烟壶的上好材料。技术精湛的工匠对其巧加利用，将鼻烟壶雕刻成多种多样、别具匠心的精巧之物，比如生动可爱的瓜果鱼虫。

4. 宝石鼻烟壶。清朝御用的鼻烟壶可不是普通玻璃、瓷器、玉石能够制作的，一定要用珍贵的材料。因此，红蓝宝石、珊瑚、玛瑙、琥珀、水晶、碧玺、青金石、木变石、珍珠等奇珍异宝都成了鼻烟壶的原材料，技艺超群的匠师通过奇特构思，精心雕琢，最终制作出价值连城的艺术品。

5.石质鼻烟壶，其中要数端石壶最为珍贵。在唐朝，端州（今肇庆一带）的端砚就已经名闻天下。端州斧柯山的老坑、麻子坑等砚坑出产的砚石石质滋润坚实，纹理美观，不失为制作鼻烟壶的精美材料。

6.象牙雕鼻烟壶。这种鼻烟壶不仅材料十分珍贵难得，在制作工艺上也相当讲究，多运用深浅浮雕和镂雕，有时还会施以彩绘，整体非常精美华贵。

7.铜胎画珐琅鼻烟壶和内画壶。这两种鼻烟壶也各有特点。铜胎画珐琅鼻烟壶是中西艺术的结晶，也是康熙皇帝很喜欢的鼻烟壶种类。而内画壶则属于玻璃鼻烟壶的一种。

8.竹雕、木雕、根雕鼻烟壶。这些鼻烟壶的制作顺其天然，随形施艺，巧雕细琢，风格朴实、自然、生动。

除了上面这些，鼻烟壶还有很多种类。无论是哪种鼻烟壶，对于现代的我们来说，都是不可多得的珍宝。若是日后大家有机会到博物馆参观，不妨仔细欣赏一下各种鼻烟壶精美的制作工艺。

▶ 小知识

瓶内已无红芍药，水边时见白蔷薇。

独寻可信春无迹，欲折犹嫌刺着衣。

绿蚁樽空余旧酒，黄鹂日暮但深飞。

芳园亦有闲庭院，何事东风寂不归？

此诗是清朝诗人冯敏昌所作的《瓶内》，诗中所描绘的是内画鼻烟壶上的画片。此诗是现存于世的所有诗篇中，最早吟咏内画鼻烟壶的作品。

◆ 鼻烟壶

喝茶、遛鸟、斗蛐蛐，八旗子弟的生活

在征服女真各部的过程中，清太祖努尔哈赤将军队分为四旗，以旗帜的颜色区分，即正红旗、正黄旗、正白旗、正蓝旗。后来，军队规模不断扩大，人数越来越多。1615年，努尔哈赤又增加了镶红旗、镶黄旗、镶白旗、镶蓝旗。这也就是后来我们所熟知的"八旗军"。

八旗军是清军的精锐部队，每个战士都精于骑射，骁勇善战，曾经为清军立下了赫赫战功。因此，清政府给了八旗军世代优待。

一些和皇室血缘亲近、地位显赫的八旗子弟还成了王公大臣，比如亲王、贝勒、贝子、镇国公、辅国公等。

有些八旗子弟即使地位较低，也可以当一般军官，比如参领、佐领等，再不济还可以当一名八旗军的士兵，拿着国家的俸禄。于是，八旗子弟都谋得个官衔，领着月钱过日子。这些优待一直延续到八旗军的后世几代人。

清政府在科举考试方面，对旗人也是非常照顾，都是单独出题出榜，使他们不与普通文人一起竞争，因此都比较容易考中。

当兵的旗人的待遇更加优厚，因为清政府自始至终都把八旗军看成是中流砥柱，无论是拨款还是提拔，都优先照顾八旗军。

接下来，让我们一起来看看八旗子弟的收入有哪些。

当时，八旗子弟的收入主要有三部分，即钱粮、地租和赏赐。地位一般的旗人拿到的钱粮每月也有四两白银，每年三十多石米，有了这些也就能保证衣食无忧了。

如果是王公大臣等地位显赫的旗人，拿到的俸禄就更多了，可以说，他们都过着富贵奢华的生活。

因为旗人的待遇好，吃穿无忧，因此很多人就变得无所事事。为了打发时间，他们将精力投入到喝茶聊天、玩票唱戏、斗鸡走马等娱乐活动之中。

喝茶、遛鸟、斗蛐蛐成为八旗子弟最喜欢干的事情。旗人成为茶馆中的常客和长客。常客就是每天准时到茶馆"点卯"喝茶。长客则是茶馆一开门，就过来泡上一壶茶，一喝就是半天，一直到了快中午吃饭的时候才回家。等到中午吃完饭，睡了午觉之后，再回到茶馆，一直喝到太阳快落山，再回家吃饭。一年三百六十五天，几乎天天如此。要是喝茶喝腻了，他们还会三五成群聚在一起，或遛鸟，或斗蛐蛐，或侃大山，王公逸事，无所不谈。

一个人一旦失去生活的目标，就容易堕落。很多八旗子弟不思进取，靠着荫庇，整日游手好闲，直到将财产挥霍一空后，才后悔没能在年轻时做出一番事业，但为时已晚。

因此，很多曾经的贵族，后来的下场很凄惨，有的成了乞丐，有的锒铛入狱，还有的在饥寒交迫中死去。

有很多败落的普通八旗子弟，为了避免周围人的轻视，也为了谋生，甚至将满姓改为汉姓，并自称汉人。有能力的，或务农，或经商，或做手艺人，来维持自己家庭的生活。于是，清朝末期，在北京城中，拉黄包车的，当妓女的，摆小摊的，当用人的，都有旗人的身影。

▶ 小知识

> 八旗子弟兵，健锐此居营。
>
> 聚处无他诱，勤操自致精。
>
> 一时看斫阵，异日待干城。
>
> 亦已收明效，西师颇著名。

这首诗是乾隆皇帝所作的《阅武》，诗中所描写的八旗子弟兵全部都是精兵强将，能够潜心操练，一心为国争光。

　　此时期骁勇善战的八旗子弟兵，显然与清朝后期被称为纨绔子弟的八旗子弟完全不同。

◆◆ 清朝后期的八旗子弟

清朝酒文化

中国的酒文化历史悠久，内涵丰富，博大精深。在中国几千年的文明史中，酒几乎渗透到生活的各个领域。

清朝的酒文化丰富多彩，不仅酿酒的技术空前发达，红酒、啤酒都在中华大地上出现，酒令也种类繁多。

文人墨客在一起喝酒，经常会行诗酒令。他们会在某个闲暇的下午，寻一处僻静地，摆一张小桌，准备几碟糕点和凉菜，再温上一壶美酒，众人在喝了两杯酒后，便会有人提议行诗酒令饮酒。

比如，每个人要作一首咏春诗，每句诗中都要嵌入一个"春"字，如果谁作不上来，就要罚酒一杯。

作诗行令可不是人人都可以参与的，这需要有一定的文学造诣。

对于普通的百姓来说，最流行的酒令还是猜谜。

清朝谜语的种类非常多，比如字谜、诗谜、词谜、人名谜、地名谜、棋谜等等。孔尚任、李渔、洪昇、姚鼐、曹雪芹等人都是制谜高手。

清朝还有一种有趣的行酒令，是专门为女子喝酒设计的，这就是广泛流行的占花名，行这种酒令实际上是看一个人的运气。

在行酒令前，要先准备一个签筒，在签筒里放若干根签，每根签上面画了不同的花草，还题着一句诗以及饮酒的规则。

几位女子开始掷骰子，根据点数大小依次从签筒中抽签。如果上面写着"杏花，仙瑶极品，红杏枝头春意闹。得此，定遇有缘人，共贺一杯"，这几位女子便按照规则，端起酒杯共饮一杯。后面的人又抽一签，如果写着"水仙花，淡雅清幽，种作寒花寄愁绝。在席众人，生肖属阴者共饮一杯"，生肖属阴的人就要饮酒。大家就这样热热闹闹一起喝酒，一晃半天就过去了。

每到过年，全家人团聚的时候，难免行酒令喝酒。这时候，人们往往喜欢采用击鼓传花的形式行酒令。击鼓的人要蒙上眼睛，其他人则在鼓声响起后，传递物件，这物件可以是花、手帕等，等到鼓声停止后，物件恰好停在谁的手里，谁就要罚酒一杯。这种酒令简单易行，在民间非常流行。

清朝的酒令还有藏钩、酒牌令、汤匙令、拍七、说笑话等。其中，汤匙令最简单，规则就是将一只汤匙放在空盘中心，用手拨动匙柄使其转动，转动停止时匙柄指向谁，谁就要饮酒。

酒令无论是简单还是复杂，都给生活增添了乐趣，让人们的生活变得更丰富多彩一些。在清朝，喝酒是一件雅事，伴随饮酒流传下来的酒令也非常多，据说大概有三百种。

清朝除了有繁丽的酒令，还出现了很多关于酒的著作。比如，蔡祖庚的《懒园觞政》，黄周星的《酒社刍言》，俞敦培的《酒令丛钞》，张潮的《饮中八仙令》，汪兆麒的《集西厢酒筹》，童叶庚的《六十四卦令谱》《合欢令筹》，叶奕苞的《醉乡约法》等，都对当时的酒文化进行了详细的描述。在我们所熟悉的《红楼梦》《聊斋志异》等清朝小说中，也有许多对饮酒场景的描写。

清朝时期，我国的酿酒技术也发展到了一个巅峰，不仅继承了传统的酿酒术，还有很多创新，使我国酒类品种空前齐备。

常见于文献记载的酒有沧州酒、莲花白、茅台酒、泸州老窖、洋河大曲、竹叶青、花雕等。除此之外，还有一些少数民族的酒也在大江南北流行起来。

这时候，近代欧洲的葡萄酒也进入中国。1892年，南洋华侨张弼士在烟台创办张裕葡萄酒公司，开启了中国规模化酿造葡萄酒的时代。

在清朝末年，我国还开始酿制啤酒。从光绪十八年（1892）到光绪三十年（1904）陆续有多家知名酿酒企业在全国各地成立，有哈尔滨的乌卢布列夫斯基啤酒厂、青岛的英德麦酒厂等。

总之，清朝百姓想要喝到各种口味的酒，并不是什么困难的事情，只要有钱，无论是白酒还是啤酒、红酒，都可以买到。假如大家回到清朝，可千万别忘了好好品尝一下当时的各种美酒啊。

▶ 小知识

细雨濛濛江汉宽，楚天无际倚阑干。

水为万古无情绿，酒是千龄不老丹。

故国鱼兼莼菜美，新霜人共菊花寒。

楼船楼阁俱雄壮，黄鹤黄龙醉里看。

此诗是清朝启蒙思想家、政治家、文学家魏源所作的《花前劝酒吟》。在诗中，诗人高度赞美酒，将酒比喻成"千龄不老丹"，足以看出他是一个爱酒之人。

原来，清朝人这样喝茶

在泡茶的众多方法中，点茶法广为流传。所谓点茶，就是煮水不煮茶。将水烧开冲点茶末，并以茶筅搅拌，使茶水混合成乳状、浓膏状茶液后饮之。

清朝人爱喝花茶。制作这类茶，首先要将茶叶放置在锡瓶中，还可以放一些香花在里面。点茶的香花可以是梅花、兰花、桂花、菊花、莲花、茉莉花、玫瑰花等。然后隔水进行加热，加热的时间不能太长，只要水一沸腾就可以了。然后再将茶叶拿出摊开晾干。这样制成的茶叶就蕴藏着一股迷人的花香。

花茶对香花的使用是非常讲究的。比如，要在花刚开放时，摘取其半含半开的花蕊，然后还要根据茶叶的多少来适当地选择用量，既不能太多，也不能太少。多了会导致花香太浓，盖住了茶叶自身的味道，太少则花香太淡达不到效果，所以一般是按三分茶叶一分花来加工茶叶。

深受清朝人喜爱的茉莉花茶就属于花茶的一种。它的茶坯是绿茶，里面又加入了含苞欲放的茉莉花，这种茶叶香气持久、滋味醇厚、汤色明亮，很受人们的喜爱。

清朝时期，少数民族还喜欢调饮茶，在茶汤里加入糖、盐等调味品或者牛奶、蜂蜜等配料，比如我们所熟知的酥油茶、奶茶等。

其实，调饮茶在唐朝时期就已经出现了，后来经历代的发展，到了清朝时期，调饮茶变得多种多样。

清朝时期，人们十分喜爱喝茶，对茶叶的需求量逐年增加，制茶工艺也在不断改进发展。清朝名茶的发展很迅速，品类也越来越多。流行的茶有黑茶、花茶、青茶和红茶等。

普洱茶是茶中珍品，不仅深受民间百姓的喜爱，还是皇亲贵胄茶桌上的必备饮品。在清朝，茶农每年都要按规定上缴上万公斤的普洱茶作为贡品。

普洱茶性温、味香，常饮能够消积去腻，具有很好的养生保健功效，很适合以肉食为主的人的需要。

青茶，又叫乌龙茶，是一种半发酵的茶，首创于明清时期的福建地区。

随着茶叶外贸的发展需要，红茶很快从福建传到了江西、浙江、安徽、湖南、湖北、云南和四川等地。在福建地区，还逐渐形成了小种、白毫、漳芽等许多名品。

清朝人在很多交际场合都用茶招待客人，于是，各种茶馆、茶园成为当时百姓生活中重要的活动场所，人们在这里以茶会友，吟诗作对，洽谈生意。

清朝的茶馆、茶园有的只是品茗饮茶之地，有的兼卖食物，还有的能供人听书赏戏。在江南的一些乡镇，甚至还出现了把茶馆当作赌场以及帮人解决纠纷的仲裁场所。

由此可见，饮茶作为一种时尚，已经渗透到人们日常生活的方方面面。各地形成了各具特色的地方茶文化。悦耳动听的茶歌、别开生面的茶舞、幽默风趣的茶戏和委婉曲折的茶故事，各种与茶相关的文艺活动异彩纷呈。

▶ **小知识**

> 霜落蒹葭水国寒，浪花云影上渔竿。
> 画成未拟将人去，茶熟香温且自看。

这首诗是明朝诗人李日华的诗作《题画》，是一首描写品茶心境的诗。

诗意是：在这片寒冷的水域里，白霜落在大片的芦苇上，浪花拍打着云影下的渔竿。诗人已经画完了画，却并不愿早早离去，于是品尝着香飘四溢的温暖茶汤独自观赏画中的景色。

216

科举考试任何人都可以参加吗

　　科举考试是我国古代知识分子进入仕途的主要通道。由于采用分科取士的办法，所以叫作科举。

　　明朝时，科举制度进入了鼎盛时期。当时，明朝统治者对科举制度的重视程度超过了以往历朝历代，科举制度也设计得非常严密。

　　明朝的科举考试分乡试、会试和殿试三级进行。乡试是由南北直隶和各布政使司举行的地方考试；会试是由礼部主持的全国考试，又称礼闱；殿试在会试后由皇帝亲自主持。

　　清朝时期的科举制度与明朝基本相同。但科举取士并不是满族人进入官场的唯一办法，而且在雍正时期，科举还分为满汉两榜取士，区别在于满族人在乡试和会试中都只考翻译一篇，称翻译科。后来，虽然满汉要求同试，但参加考试的仍然以汉人居多。

按照清朝的科举制度，不能参加科举考试的主要包括以下几种人。

第一种是府衙杂役的子孙。

在清朝，府衙杂役的地位其实是很低贱的，会被很多人瞧不起。这些杂役主要包括门子、长随、番役、马快、步快、快手、捕役、皂隶、禁卒、仵作和弓兵等。

这里的门子，指的是在官衙中侍候官员的差役，经常侍立官员的身边，应声传话。他们专门做些端茶递水的事情，相当于用人，因此身份地位不高。

长随是官员家里的仆人。长随和家奴的身份不一样，长随与主人之间是一种雇佣关系，他们相当于古代有钱人家雇的工人。

番役是协助地方官兵抓盗贼以及维护治安的小官。番役的职权不大，但涉及的工作却很多，基本什么都管，杂活很多，可以说是干得多赚得少。

马快、步快、快手和捕役，是官府中负责缉捕事务的役吏，可以说，他们从事着一线最危险的工作。

皂隶是衙门中的低贱苦力，专指那些穿着青黑色麻布衣、腰系青丝带的衙门奴隶。

禁卒就是看守牢房的人员。仵作是检验命案死尸的人，那时候这种职业有钱人是绝对不会去干的。弓兵是指负责地方巡逻、缉捕之事的兵士，也属于贱役的一种。

第二种是从事乐艺工作的人及其子孙，例如倡、优、乐户等。

倡指以演奏、歌舞为业的人，优指古代演戏的人。乐户是从事吹弹歌唱的人，这类人很多是因为祖上犯了罪，才被罚为乐奴，其中有乐工和乐妓等。也有一些良民因为生活所迫从事这种职业，总之，乐户在清朝也是低贱的人群。

第三种是丐户、疍户的子孙。

丐户也称惰民，主要是指那些从事着杂小生意的个体户，比如做抬轿、阉猪、接生、理发等生意的人。在雍正朝之前，这些人的子孙是没有资格参加科举考试的。

疍户指水上居民，主要集中于两广和福建等沿海一带，他们主要从事渔业或水上运输的生意，常年都生活在船上，在岸上没有土地，也没有房屋，朝廷也不准他们上岸居住。

第四种是其他奴隶的子孙。

除了上面提到的这几类人员，还有一些地位低下的人，如马夫、看门人、犯法者等人的子孙也禁止参加科举考试。

还有一些情况比较特殊的人员会被取消参考资格。例如，家中长辈去世之后，子孙尚在守孝期间，是不允许参加考试的。还有异地报考也是不被允许的，想要报考，只能回到户籍所在地。

所以说，清朝的科举考试制度还是很严格的，并不是什么人都可以参加。如果大家回到了清朝，首先一定要先明确自己的身份，然后才能考虑是否可以参加科举考试。

> 遇主人多易，逢时我独难。
>
> 八千怜客路，三十尚儒冠。
>
> 出谷莺偏媚，还枝鸟亦安。
>
> 故园泉石好，归去把渔竿。

　　此诗选自明朝末年抗清名将袁崇焕的《落第》。袁崇焕，字元素，生于万历十二年（1584），袁崇焕在 23 岁时就已经考中了举人，可直到 36 岁才考中进士。他一生曾多次参加科考，无奈数次落第，足见考中进士是非常难的。而本诗恰是他又一次落第之后，在郁郁中所作。

　　从诗中我们能看出一个满怀抱负，却苦于无法施展才华的袁崇焕，最后只好沉湎于山水之间，以闲情逸致来打发这段苦闷的时光。

茶余饭后的消遣——看戏听书

清朝康熙中期以后，社会上开始流行看戏。清朝几代皇帝都对戏曲非常着迷，于是，京城的戏曲文化慢慢繁盛起来，单是皇家园囿的戏楼加起来就超过了十处。

不过，清朝北京城的老百姓要想看戏，主要还是去饭馆。当时，北京城的大饭馆里都有戏台，食客们一边吃饭一边看戏。

可是，在饭馆里看戏，台下饭桌上免不了划拳行令，嘈杂的声音严重破坏了看戏的氛围，不利于人们欣赏演出。时间长了，人们就不喜欢在饭馆看戏了。

于是，戏曲的演出场地也开始从饭馆挪到了茶园，毕竟在喝茶的时候，人们相对还是比较安静的，能够静下心来欣赏演员的演出。

那时候，老北京城肉市西口的月明楼，是出了名的看戏的好地方。据说月明楼最早是明末大盐商查氏所修建的，所以也叫查楼。

嘉庆、道光年间，单是北京城的前门外大栅栏就有很多家唱戏的茶园，最出名的有庆乐茶园、同乐茶园、庆和茶园、广德楼、三庆茶园、大亨轩茶园、中和茶园这七家。也正是这七家茶园让大栅栏成为一个戏曲演出兴旺的地方，同时，这里也成为北京茶文化的汇聚之地。

清朝时北京人除了去大栅栏看戏，还经常去东城隆福寺的景泰茶园、地安门的德泉茶园和天和茶园、东安市场的丹桂茶园和吉祥茶园看戏。

在西城，看戏的茶园也不少，比如宣武门内的春仙茶园、阜成门大街的同益茶园、西四口袋胡同的庆升茶园、西安市场里的人和茶园等，都是看戏的好地方。

当时，北京茶园因为具有看戏的功能，布局也与众不同。每个茶园都有一个由四个柱子支撑的舞台，舞台的前三面都可以观演，舞台的后面则是一面大墙，墙中有上场门和下场门。舞台下面观众席中间条桌的位置以喝茶为主，多称为池座。在池座的两边也摆着桌子，叫作两廊，在两廊的位置更加便于看戏。

清朝时北京居民娱乐生活丰富多彩，他们除了喜欢看戏，还喜欢听评书。

流行于中国的评书艺术，在清朝初期有了进一步发展。清末民初时，评书主要由一个人表演，表演者坐在方桌的后面，使用的道具主要有折扇和醒木，穿着的服装为长衫。清朝说书的场所也以各种茶园、茶馆为主。

茶余饭后的清朝人，常常围在桌子边上吃着点心，喝着小茶，要么看戏听书，要么闲侃一些来自天南海北的奇闻异事，过着有滋有味的生活。

▶ 小知识

> 地也，你不分好歹何为地？
>
> 天也，你错勘贤愚枉做天！

上述两句摘自元曲四大家之首的关汉卿的代表作《窦娥冤》。《窦娥冤》是中国著名的悲剧之一，该剧主要揭露了社会的黑暗，反映了人民的疾苦，具有很高的文学价值以及广泛的群众基础。

此戏曲虽然创作于元朝时期，但直到明清时期仍是百姓最喜欢的曲目之一。

剪纸、年画和宫灯

　　在中国的传统节日里，春节可以说是最隆重的节日。春节期间，清朝人和现代人一样，会以各种方式欢度佳节，处处都洋溢着喜庆祥和的节日气氛。

　　临近春节，清朝人都出去赶集置办年货，或者回娘家，或者走亲戚。虽然百里不同风，千里不同俗，各地的春节民俗不尽相同，但人们对团圆的渴望、对和顺的祈盼却是相同的。

　　春节时，每家每户都会办年货，挂灯笼，贴年画，写春联，赏花灯，逛庙会，这些形式多样、内容丰富的春节民俗，寄托着人们对新的一年的期待。

　　如果大家回到清朝，走在过年时的大街上，肯定会看到人山人海、热闹非凡的景象，让我们一起来感受一下过年的气息吧。

在街上，你们首先会看到每家每户都在贴窗花，美丽鲜艳的剪纸被贴在墙上、窗上、门上、灯笼上，将节日的气氛渲染得更加浓郁喜庆。

剪纸是清朝人家中重要的装饰品，当时皇亲国戚的家中也都离不开这种艺术品。清朝皇帝结婚时，洞房墙壁、顶棚等处都会贴剪纸。皇宫里的剪纸，无论从纹样、用料，还是从用色上来看，都与普通农家的顶棚花、墙花相似，除了剪纸图案稍大，基本没有差别。由此可见，剪纸艺术在清朝是一种全民性艺术。

清朝时，我国的剪纸艺术走向成熟，并达到鼎盛。民间剪纸工艺品得到了广泛应用，人们不仅将剪纸作为装饰家居的装饰物，剪制出各种窗花、柜花、喜花、棚顶花等，还将剪纸用作民间灯彩上的花饰，扇面上的纹饰以及刺绣的花样等，或者以剪纸为样板进行再加工。

除了剪纸贴窗花，春节期间还有一项重要习俗，就是贴年画。年画是中国画的一种，它最早始于古代的门神画，人们将门神的图案绘制在纸上，然后贴在门外，用来辟邪，祈祷来年能有好的年景。

年画作为常见的民间工艺品，到了清朝光绪年间，才正式称为年画，成为中国特有的一种艺术形式。

在清朝，贴年画、贴窗花、写春联等活动老百姓在过年的时候都可以做，但是百姓人家不能挂宫灯。

宫灯，又称宫廷花灯，是中国彩灯中富有特色的手工艺品之一。在古代，宫灯雍容华贵，主要用于皇宫中，具有典型的宫廷气派，也因此闻名于世。

宫灯不是一般的灯笼，它的制作工艺相对复杂。首先用细木作为骨架，做成八角、六角或四角等形状，然后在骨架之间用绢纱覆盖。后来，又出现了镶嵌玻璃的样式，玻璃的表面还绘制有各种图案。

宫灯一般都比较大，将其悬挂在厅堂房梁上面，不仅有照明的作用，还能显示皇宫的富贵和奢华。当时，宫灯非常珍贵，皇帝会用宫灯来奖赏王公大臣。

关于宫灯，有这样一个传说。雍正年间，在一个叫屯头村的地方，有一个心灵手巧的老汉，他非常喜欢民间工艺，自己有着一门做灯笼的好手艺。每到过年，他都要做几对漂亮的灯笼挂在自家的门前，增添祥和、喜庆的气氛，附近的邻居也都会来围观欣赏。

有一年，这个老汉做了几对灯笼拿到藁城集市上卖，恰巧被县太爷看见了，他看到灯笼做工别致非常喜欢，就把所有灯笼都买下，挂在自己的府邸，每天观赏。

有一天，朝廷要求各地给皇帝进贡，县太爷苦思冥想也不知道该送什么礼物给皇帝。有人提议，给皇帝送一些好看的灯笼试一试，也许皇帝会喜欢的。

于是县太爷按照这个点子给皇帝送去了灯笼。果然，灯笼被送到京城后，皇帝一眼就看中了，龙颜大悦，还重赏了这个藁城知县，并把灯笼定为贡品，要求每年进贡。

后来皇宫内外到处都挂上了这大红的屯头灯笼。屯头灯笼也被取名为贡灯，成为皇宫专用品。后来人们把"贡"字换作"宫"字，就成了我们常说的宫灯。

每到重要节日，清朝皇宫内都挂满宫灯。宫灯形式多样，让人眼花缭乱的同时彰显节日色彩。尤其是每年正月十五的宫廷灯会，藩国的使臣们都列席参加，华丽的灯会也向使臣们展示着大清王朝的威仪。

▶ 小知识

> 有眼无珠腹内空，荷花出水喜相逢。
>
> 梧桐叶落分离别，恩爱夫妻不到冬。
>
> ——打一用物

上面的灯谜出自《红楼梦》第二十二回。灯谜的谜底是"竹夫人"。

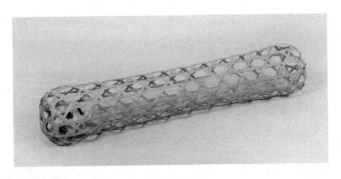

◆◇ 竹夫人

前两句写出了"竹夫人"的外观特征是中空透风，在夏天的时候可以抱着它取凉，而后面两句主要写在秋天和冬天时，"竹夫人"被弃置不用。

在《红楼梦》第二十二回中，曹雪芹用了大量篇幅来写猜灯谜的剧情，可以看出在清朝时，猜灯谜是很多大户人家喜欢的游戏。

图书在版编目（CIP）数据

原来清朝人这样生活/崔敏著.—桂林：
漓江出版社,2022.8
ISBN 978-7-5407-9250-3

Ⅰ.①原… Ⅱ.①崔… Ⅲ.①中国历史—清代—通俗
读物 Ⅳ.① K249.09

中国版本图书馆 CIP 数据核字 (2022) 第 081280 号

原来清朝人这样生活
YUANLAI QINGCHAOREN ZHEYANG SHENGHUO

作　　者　崔　敏

出 版 人　刘迪才
出版统筹　文龙玉
策划组稿　俞方远
特约策划　三得文化
责任编辑　宗珊珊
助理编辑　肖　霞　马玉晨
营销编辑　徐嘉忆
装帧设计　仙　境
责任监印　黄菲菲

出版发行　漓江出版社有限公司
社　　址　广西桂林市南环路 22 号
邮　　编　541002
发行电话　010-65699511　0773-2583322
传　　真　010-85891290　0773-2582200
邮购热线　0773-2582200
电子信箱　ljcbs@163.com
网　　址　www.lijiangbooks.com
微信公众号　lijiangpress

印　　制　运河（唐山）印务有限公司
开　　本　710 mm×1000 mm　1/16
印　　张　15.25
字　　数　161 千字
版　　次　2022 年 8 月第 1 版
印　　次　2022 年 8 月第 1 次印刷
书　　号　ISBN 978-7-5407-9250-3
定　　价　49.80 元